# まえがき

　本書は、保育園や幼稚園、認定こども園などの就学前保育・幼児教育施設に勤務する先生方のために執筆されました。保育や幼児教育を学ぶ学生の皆さん、就学前保育・教育施設に巡回相談を行なったり、保護者の相談にのっておられる心理士の方にも有益な情報が数多く示されています。本書の要は、個別化された保育・教育支援の計画であり、それを作成し、実施し、評価と改善するためのカンファレンスの実施方法についても具体的な提案がなされています。

　児童精神科医の神尾陽子先生たちのグループが2013年に行った調査によると、発達障がいがあるかもしれない、あるいは発達障がいの特定要素を有しているお子さんは10％以上存在すると推計されています。これらの発達に心配があるお子さんは、学童期や思春期に集団不適応や不登校、引きこもりなどの情緒面の問題を示すことが少なくないと言われています。ですから、発達早期からの適切な支援が強く求められているのです。その第一歩は「気づき」であり、それを支援につないでいくことが大切です。特別な保育・教育ニーズをもつと考えられるお子さんは以前よりも気づかれるようになりました。けれども、園内ケース会議や保護者との面談結果などを具体的な書面に表し、それを保育・教育実践に役立てるには何かが足りないのではないかと考えました。本書の中ではその"仕掛け"として、①子どもの行動の捉え方、②個別化された保育・教育支援の計画、③カンファレンスの進め方を想定しています。

　ところで、就学前保育・教育施設の先生方の離職が問題となっています。先生方が孤立することも少なくありません。だから、チーム力を発揮して働くことができるようなエンパワメントの取り組みもたいへん重要です。そのためにも、先生方がお互いを認め、対等かつそれぞれの持ち味を生かしながら、ともに考え取り組む姿勢や態度を育むことが求められます。

　本書では、まず、発達障がいやこれに類する状態が背景となって困っている子どもたちに言及します。その上で、これらの困りごとを抱えている子どもたちのより良い育ちのために、保護者のねがいを受けとめながら計画を作成する方法について示します。その際、先生方がよく出会う子どもの事例を複数挙げながら、イメージしやすくなる工夫をしました。さらに、どのように園内体制を整えて、その計画を活かすのかについても触れました。本書が就学前保育・教育施設に携わる多くの関係者の実践の手助けとなれば幸甚です。

監修者　大石幸二

# 目　次

まえがき　1

## イントロダクション

保育現場の現状と求められる支援技術　8

園内支援体制の重要性　10

生涯にわたる支援　12

個別の保育・教育支援計画　13

個別の保育・指導計画　15

外部専門家の活用　17

## 第1章
## 「発達障がい」って何？
### ──基本的な特徴を知る

発達障がいがある子どもの行動特徴　20

　　1　自閉スペクトラム症

　　2　注意欠如・多動症

　　3　限局性学習症

　　4　発達性協調運動症

発達障がいがある子どもへの支援の具体例①──環境的配慮　25

発達障がいがある子どもへの支援の具体例②──かかわり　26

子どもの見立て──診断によらない子どもの捉え方　27

コラム1　発達障がいがある子どもに特有の心の機能──実行機能　28

# 第2章
# 子どもの理解を深めよう
### ──子どもを「知る」三つのポイント

本人の発達上の課題　　32

環境とのかかわり　　34

生活体験と生育歴　　36

**コラム2**　子どもの理解・まとめ──ケース・フォーミュレーション　　38


# 第3章
# カンファレンスをはじめよう
### ──準備と進め方

カンファレンスを始める前の準備　　40

カンファレンスの手順と進め方　　44

カンファレンスのルールとマナー　　46

カンファレンスを個別の保育・指導計画に生かす　　48


# 第4章
# 個別の保育・指導計画を作ろう
### ──書き方と活用

個別の保育・指導計画の意義　　52

個別の保育・指導計画の書式　　54

支援目標の設定①──ニーズの聴取　　57

支援目標の設定②──無理のない支援目標の設定　　58

支援目標の設定③──Oくんの場合　　59

児童の実態／好み・強み①　　60

児童の実態／好み・強み②――Oくんの場合　　61

支援方法／手立て①　　62

支援方法／手立て②――Oくんの場合　　63

評価／見直し・修正　　64


## 第5章
## 事例について考えよう
### ――カンファレンス＆個別の保育・指導計画作成のための実践ワーク

5歳　男児　設定保育中に保育室を抜け出すAくん　　68

4歳　男児　かんしゃくを起こすことの多いBくん　　76

5歳　男児　製作が苦手なCくん　　84

4歳　女児　友だちとのやりとりが難しいDちゃん　　92

4歳　男児　集団活動や行事に参加できないEくん　　100

4歳　男児　勝敗にこだわるFくん　　108


## 第6章
## 個別の保育・指導計画を支援に生かそう

個別の保育・指導計画による支援の実践　　118

個別の保育・指導計画とクラスの指導計画の関連　　120

実践の見直しサイクル　　122

保護者とともに個別の保育・指導計画を作成する　　124

個別の保育・指導計画を連携に活用する　　126

個別の保育・指導計画を評価し、改善する　　128

## 付録

"発達障がい"の様々な名称　132
事前配付資料の様式　133
カンファレンス・シートの様式　134
個別の保育・教育支援計画　135
個別の保育・指導計画　136

あとがき　137
参考文献　138
著者紹介　139

＊本書ではアメリカ精神医学会が示している診断名を採用しています。障がいの名称には様々な表現があります。詳細は巻末資料をご参照ください。

# イントロダクション

♣ 近年、子どもたちの保育ニーズは多様化し、社会的にも「保育の質」を高めることが求められています。特に、配慮を要する子どもの理解と支援について、わが国でも具体的な指針が出されるようになりました。イントロダクションでは、配慮を要する子どもの保育にまつわる社会的な背景や現在の制度について、基本的な事項を確認します。

# 保育現場の現状と求められる支援技術

　平成19年の法改正による特別支援教育の開始以降、幼稚園・保育所では障がいがある子どもの受け入れが進み、インクルーシブ保育＊は今では一般的になりつつあります。そのため障がいがある子どもへの支援技術は、保育者にとって欠かせないスキルの一つといえるでしょう。各自治体でもインクルーシブ保育の重要性を強調し、障がい理解に向けた研修を開催しています。

　保育者にとって重要なのは、「障がい」に関する一般的知識よりも、子どもが示す行動の意味を知り、具体的に支援する「実践力」です。"障がい"と一口に言っても、子ども一人ひとりに異なる個性や背景があり、その実態も様々です。各障がいの基本的特徴をふまえつつ、子どもの示す行動の背景やその働きに着目し、理解を深めていく必要があります。

＊インクルーシブ保育…障がいがある子どもと、障がいのない子どもが、同じ場でともに育ちあえる保育を実現するという考え方

ほかの子どもを叩く、特定のことにこだわるなど、障がいの有無にかかわらず子どもが示す行動上の問題は、大人にとって「困った行動」に思えます。しかしこうした行動は、子どもが何かに困ってやむを得ずとった行動です。私たち大人は**子どもの行動上の問題を捉えるとき、「子ども自身が何に困っているのか」という視点に立つ必要があります**。そしてその子どもが「困っていること」を解消できるよう関係者で話し合い、協力して支援することが大切です。

　20～30名の子どもが在籍するクラスの運営をしながら、難しい行動を示す子どもに配慮した保育を行なうことは簡単ではありません。しかし、障がいの基礎知識や行動問題を解決するための支援技術は、ほかの子どもたちへの支援はもちろん、保育者のクラス運営技術の向上にもつながる汎用性の高い技術です。

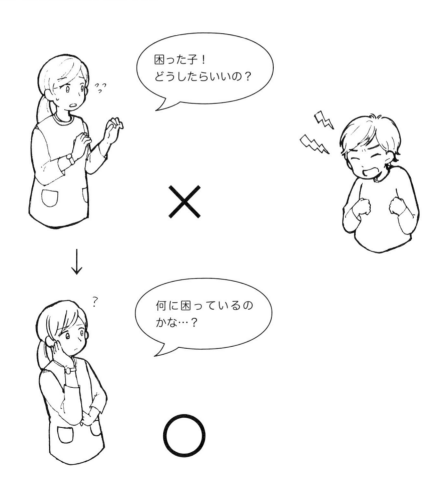

# 園内支援体制の重要性

　インクルーシブ保育では、集団保育としてのクラス運営と、障がいをはじめとする特別な配慮を必要とする子どもへの個別的対応を両立させることが求められます。この場合担任保育者の負担は高く、加配保育者の配置のほか、インクルーシブ保育を行なうための支援技術上のサポートも必要となります。インクルーシブ保育の実践を担任一人に「おまかせ」するのではなく、園全体で子どもを支援する姿勢をもつことが必要です。

　子どもの行動を理解できず困惑したり、クラス運営に大きな支障がでると、保育者が精神的に追いつめられてしまいます。その結果、体調を崩し休みがちになる、子どもに極端に強い指導を行なうなど、大きな問題に発展してしまうこともあります。このようなことを防ぐために、園内で保育者への精神的・技術的なサポートを行なう体制を整えていく必要があります。

精神的・身体的不調 バーンアウト

子どもへの攻撃的・威圧的なかかわり

Point！
園内で担任保育者を支える「しくみ」をつくりましょう

インクルーシブ保育の園内支援体制をつくるのは、「園内委員会」という組織です。チームのメンバーは園によって様々ですが、主に園長や主任保育者、学年主任などで構成されるのが一般的です。園内委員会では、子どもの実態把握を行ない、障がいがある子ども（あるいは配慮を要する子ども）やその保護者の支援方針について協議し決定します。

　園内委員会の方針に従って、具体的に動く役割を担う調整役が、**特別支援教育コーディネーター**（Special Educational Needs Coordinator；以下、SENCOと表記）です。この役割は、当初は学校教育で導入されましたが、今では保育所や幼稚園の中でも設置することが求められています[*]。園内の職員間で子どものことを様々な面から語り合い、協力して支援に臨むためには、実践力と共感力のあるSENCOの取り組みが鍵を握ります。SENCOは園内のスタッフの中から園長によって1名ないし複数名選出されます。SENCOの役割については図の通りです。

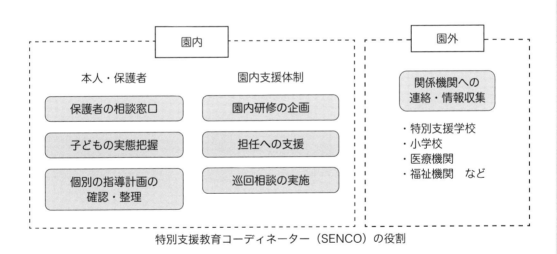

特別支援教育コーディネーター（SENCO）の役割

# 生涯にわたる支援

　現在の特別支援教育は、障がいがある子ども一人ひとりの教育的ニーズを把握し、**就学前から学校卒業後までの間**、**一貫した適切な教育支援**を行なうことを目標としています。特別なニーズ保育やインクルーシブ保育は、こうした教育支援のサイクルの一部に含まれています。

　こうした目標を達成するために、障がいがある子どもが進学する際、進学先の学校は、対象の子どもが「どんな子どもなのか」「これまでどんな支援を受けてきたのか」など、なるべく詳しい情報を受け取る必要があります。クラスや学校が変わるたびに、「次の先生はわが子を理解し支援してくれるのか」と不安を抱く保護者にとっても、幼稚園・保育所の学校への引き継ぎは、大変重要です。

　さらに、子どもを取り巻く支援のネットワークには、教育関係者のほか、福祉・医療・労働などの関係機関も大変大きな役割を担います。子どもにかかわる様々な立場の人同士の連携を支えるツールが**「個別の保育・教育支援計画」**と**「個別の保育・指導計画」**です。

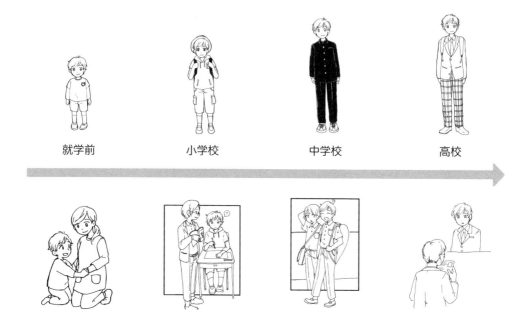

# 個別の保育・教育支援計画

「個別の保育・教育支援計画」*とは、**障がいがある子どもの個別の保育・教育的ニーズを捉え、長期的に支援していくためのツール**の一つです。子どもの所属する園や学校が、子どもにかかわる様々な支援機関と足並みをそろえた支援を実践するために作成します。

子どもの支援を行なう際、身体のケアや診断にかかわることは医療機関、経済的問題や余暇ケアなどの生活上の問題解決には、福祉機関の力が必要になります。その他児童発達支援センターなど、所属園以外の教育的サービスを利用する場合もあります。各機関が提供する支援内容や、各場面で見られる子どもの姿については、保護者から情報を得たり、保護者の了解を得た上で関係機関に連絡をとってまとめていきましょう。

子どもの姿について機関同士で情報共有することは、保護者にとって「安心」でもあり、個人情報が拡散する面で「不安」も生じます。個人情報の取り扱いや情報を共有する範囲などについても、保護者と十分に話し合いましょう。

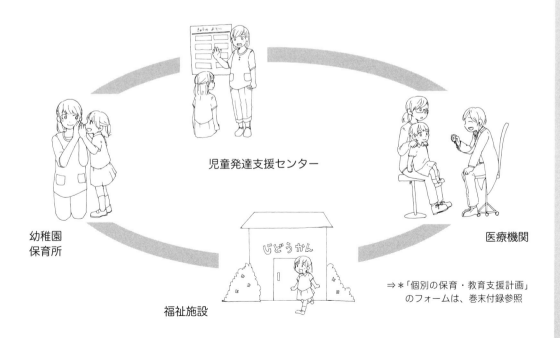

児童発達支援センター

幼稚園
保育所

福祉施設

医療機関

⇒ *「個別の保育・教育支援計画」のフォームは、巻末付録参照

**個別の保育・教育支援計画**

記入例　年度

2019年度～

| 児童氏名 | 性別 | 生年月日 | 担任氏名 | 診断・その他の状況 | 手帳の有無 |
|---|---|---|---|---|---|
| △△　△△ | 男 | 2015年11月2日<br>入所年月日<br>2019年4月1日 | 3才児クラス　遠藤<br>4才児クラス　太田<br>　才児クラス<br>　才児クラス<br>　才児クラス | 正式な診断はなし　3歳児健診のときに「自閉的傾向」といわれる | 無 |

| 本人のニーズ（強み・挑戦していきたいこと） | 本人・保護者のねがい | 保育者のねがい |
|---|---|---|
| ・魚やカニなど、水の生き物に関心がある。魚の絵本や図鑑、川や海などの自然体験が好き。<br>・好きな場所では、音やにおいが気になりにくく、友だちと関心をむけることがある。<br>・好きなもの・活動を体験できることを期待して、初めての場所でも参加できるようになることをめざす。 | 周囲の音が気になってしまったり、初めての場所が苦手だったりして、なかなか生活の場が広がらない。本人にとって安心できたり楽しめる場所が増えてほしい。 | ・△△君にとって楽しめる場所が増え、安心して生活できるようになってほしい。<br>・好きな遊びやものを通じて、友だちとのかかわること、遊ぶことにも関心をもってほしい。 |

| 園以外の子どもの生活の場 | 子どもの実態 | 支援の評価 |
|---|---|---|
| 2019年度<br>・○○区児童発達支援センター<br>・○○区家庭児童相談室<br>2020年度<br>・○○○スポーツクラブ（水泳教室） | ・児童発達支援センターでは、通園当初母子分離が難しかったが、今ではスムーズに登園することができている。<br>・自ら行動はしないが、自ら他児とかかわろうとする行動はないが、水鉄砲を使った遊びでは友だちと遊ぶことができるようになった。<br>・水泳教室は楽しみにしており、普段気になる園囲の音や子どもの声も、プールに入ると気にならなくなる。 | 3月には、園で安心して生活ができるようになってきた。次年度が4月から保育室が変わり、異年齢交流が増えるため引き続き支援する。 |

作成年度　2020年度　　機関名：○○○○幼稚園　　記入者名：○○　　園長名：○○

# 個別の保育・指導計画

「個別の保育・指導計画」とは、**担任保育者が、障がいがある子どもの保育ニーズに応じた支援目標、支援内容をまとめて記述した計画書**のことです。診断の有無にかかわらず子どもの保護者からのニーズがあった園内で、連携をとって配慮する必要がある子どもに対しても作成することがあります。一般に「書くのが大変」といわれますが、書くことで以下のような利点があります。

① 子ども理解 ：子どもが示す行動の背景やはたらきを考えたり、改めて子どもの姿や実態を知るきっかけとなる
② 園内連携 ：子どもにかかわる保育者や保護者と連携し、支援目標を意識して保育することができる
③ 振り返り ：以前の姿と今の姿を比較し、子どもの成長の経過を振り返ることができる
④ 移行支援 ：小学校への引き継ぎの際に、子どもの実態や支援に関して具体的で有益な情報を提供できる

　個別の保育・指導計画は、担任保育者が子どもの保護者と協議をしながら作成します。保護者が子育てで困っていることや、気になっていることなどに十分に耳を傾け問題を整理しましょう。家では、子どもの様相が園とは全く違うということもあります。場面によっても違う様々な子どもの姿を捉えましょう。

下記の図は、平成30年度の各校種における個別の保育・指導計画の作成率を表したものです。個別の保育指導計画の作成率は、幼保連携型認定こども園も幼稚園も約8割を超えています。一方で、校内委員会、特別支援教育コーディネーターの設置、外部研修の参加については、他校種と比べて低い傾向にあります。つまり保育現場では、十分なバックアップ体制が少ない中、個別の保育・指導計画の作成に着手していることが推測できます。

　現在、インターネット上でも幼稚園・保育所用の「個別の保育・指導計画」のフォームを入手することができます。しかし小中学校の書式をベースにして作成されたフォームが多く、統一化されたカリキュラムが存在しない幼稚園・保育所の実情を踏まえた書式が十分に検討されていないのが現状です。

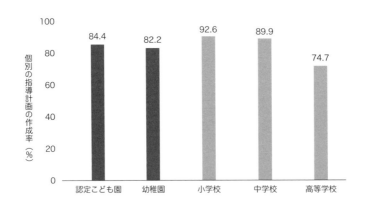

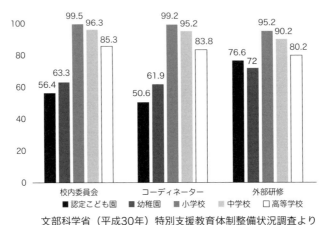

文部科学省（平成30年）特別支援教育体制整備状況調査より

# 外部専門家の活用

　個別の保育・指導計画を作成するには、配慮を要する子どもがもつ課題やその解決方法について、一定の専門的理解が必要となります。園内で子どもの理解を深め、その子どものニーズにあった支援を考えるためには、外部専門家を活用して助力を得るのが有効です。なかでも**巡回相談**\*は、外部専門家が園に直接訪問し、配慮を要する子どもの様子や保育の様子を観察した上で、助言を受けることができる現場研修です。外部専門家と担任保育者とで、配慮を要する子どものことを語りあい、行動の背景を捉えたり、その子どもの実態にあった保育方法について協議します。

　巡回相談を活用することで、子どもの理解が深まるだけでなく、保育者自身のかかわりを見つめ直すことができます。外部専門家の話から、自身が行なっていたかかわりのよい点を認識したり、新たな保育やかかわりのレパートリーを増やすことができます。

専門家による巡回相談

### Point！
外部専門家の意見を一方的に聞くのではなく、ともに発言し協議を深めていくようにしましょう

＊巡回相談…地域療育等支援事業や保育所等施設訪問事業などにより利用できるサービス

外部専門家の活用については、園内委員会で取り決め、SENCO が専門家を派遣する機関との連絡・調整を行ないます。巡回相談を引き受けてくれる機関は、地域によっても異なりますが、ここではいくつかのタイプを紹介します。

| 事業 | 連絡先 | 特徴 |
|---|---|---|
| 自治体主催の巡回相談事業 | 地域の保育課または教育委員会 | ・年間に回数や時期が限定されている<br>・医師、臨床心理士など、相談員の専門職種が様々である |
| 特別支援学校の地域支援事業 | 地域の特別支援学校 | ・訪問してくれる相談員（特別支援学校の地域支援担当者）と直接日程の交渉ができる<br>・就学先となりうる地域の学校との連携がしやすい |
| 医療・福祉機関の訪問事業 | 配慮を要する子どもが通う専門機関（医療機関／発達支援センターなど） | ・訪問する職員が配慮を要する子どもと普段からかかわっているため、具体的な支援方法を協議しやすい<br>・園以外の子どもの姿を知り、情報を共有できる |

　一般に巡回相談は、支援対象の子どもの担任と巡回相談員の１対１での協議が設定されることが多いのですが、中には保育者全員が協議に参加する形式をとる場合があります。いずれの場合も巡回相談員の助言を一方的に聞くのではなく、保育者も積極的に意見を述べていくことで、園内で事例を協議する力が向上します。協議をどのように行なうのかは、園内委員会やSENCO が園の現状を踏まえて事前に決定しておきます。

# 第1章
# 「発達障がい」って何？
—— 基本的な特徴を知る

🍀 第1章では、"見えない障がい"といわれる発達障がいのある子どもの行動
特徴を記します。配慮を要する子どもの保育を行なうにあたり、「発達障が
い」の基本的理解は欠かせません。しかし「障がい」という色眼鏡で捉え
ることは、子ども一人ひとりの個性や強みに気づく保育者の感受性を鈍く
してしまいます。本章では、「障がい理解」と「子ども理解」をバランスよ
く行なうためのヒントを示しています。

# 発達障がいがある子どもの行動特徴1
## 自閉スペクトラム症

　自閉スペクトラム症（ASD）とは、「社会的なルールの理解や対人関係づくりの難しさ」、「強いこだわり」といった基本的特徴をもつ発達障がいの一つです。この二つの特徴は共通して認められるものの、知的能力や言葉の遅れを伴う場合とそうでない場合があり、症状の現れ方にも個人差があります。

　知的能力や言葉の遅れが顕著なケースでは、視線が合わない、「オウム返し」をするなど、基本的なやりとりの難しさが見られる場合があります。簡単な文章での会話が可能な人もいれば、日常生活の中で言葉は話さない人もいます。

　知的能力の遅れが伴わないケースでは、ある程度基本的なやりとりは可能ですが、目では捉えにくい「相手の感情」「場面の状況」「暗黙のルール」などを捉えることが苦手です。そのため人とのやりとりを避ける、あるいは積極的にかかわっても一方的な会話になってしまうなど、対人関係づくりに何らかの難しさが生じやすくなります。

社会的コミュニケーションの障害

言葉の遅れ　　オウム返し　　一方的に話す　　状況が読めない

他者に関心を向けない　　ルールが理解できない　　視線があわない

自閉スペクトラム症のある子どもは、日常生活において様々な「こだわり」をもっています。この「こだわり」は、よい方向に向かうと、好きなことや関心のあることへの並外れた集中力を発揮し、その道の「博士」と呼ばれるほどの知識をもつ場合があります。

　一方で、一度インプットされた情報が強く残り、そこから柔軟に変更することができないという側面ももちあわせている場合もあります。よって、「いつもと違う」状況が起きるとパニックになる、自分のやり方に頑(かたく)なになり気持ちを切り替えられないなど問題が生じることがあります。

　その他の症状として、音や光、肌触り、歯ごたえなどの感覚（刺激）に鋭敏だったり、逆に極端に鈍感だったりする「感覚障がい」をもっている場合があります。また、手をひらひらさせる、飛び跳ねる、ぐるぐる回るなど、同じ動きを繰り返す「常同行動」などが見られることがあります。

興味の範囲の著しい限定（強いこだわり）

一つのことに没頭する

いつもと違うとパニック

特定の音・刺激が苦手

極端な偏食

ぐるぐる回る

手をひらひらさせる

・症状は発達早期の段階で必ず出現する
・これらの症状が社会生活に支障を来している

# 発達障がいがある子どもの行動特徴2
# 注意欠如・多動症

　注意欠如・多動症（ADHD）とは、不注意（注意力が散漫で集中が続かない）、多動性（じっとしていられず常に動いている）、衝動性（考えずに行動してしまう）といった三つの症状がみられる発達障がいのことです。どの症状が現れるかによって、不注意優勢型、多動性－衝動性優勢型、混合型といったいくつかのタイプに分けられます。

　注意欠如・多動症の子どもは、適切な刺激を選択できず、様々な刺激に気を取られてしまいます。そのために、なかなか一つのことに集中できなかったり、「落ち着きがない」行動をとりがちです。

　また、刺激を受けると反射的に行動してしまうため、「じっくり・ゆっくり」考えることが苦手です。目の前の刺激にとらわれて思いつくままに行動してしまう結果、友だちとトラブルになってしまったり、ルールに反した行動になってしまいがちです。

### 不注意

気が散りやすく
集中が続かない

片づけられない

### 多動性

じっと座って
いられない

常にそわそわ
している

### 衝動性

カッとなると
行動化しやすい

思いつくと
すぐ行動する

# 発達障がいがある子どもの行動特徴3
## 限局性学習症

　限局性学習症（LD）とは、全般的な知的能力に遅れは見られないのに、「聞く」「話す」「読む」「書く」「計算・推論する」といった学習にかかわる力のうちのいずれか、または複数に著しい困難を示す発達障がいのことです。限局性学習症がある子どもは、学習能力のばらつきがあるという点で共通していますが、どの力に困難をかかえているかは、人によって異なります。自閉スペクトラム症や注意欠如・多動症のように、行動面で顕著な課題が見当たらなかったり、苦手分野以外の能力には問題が見られないことも多いため、本人が困っていることに周囲が気がつきにくい障がいの一つといわれています。就学前には一斉指導の形で学習活動が行なわれず、また文字教育も本格的に始まらない場合が多いため、症状が出にくいという指摘もあります。

　しかし幼児期には、言葉が遅い、教示を理解できないなどの「言語」や「聞き取り」に関する課題や、絵が描けない、いつまでも鏡文字を書くなどの「視覚的情報処理」に関する課題が見られることがあります。

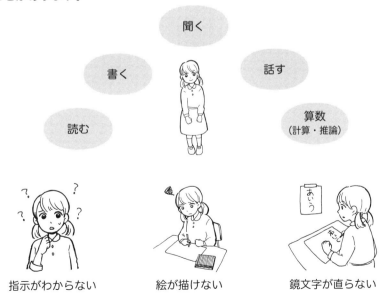

指示がわからない　　絵が描けない　　鏡文字が直らない

## 発達障がいがある子どもの行動特徴4
# 発達性協調運動症

　ピアノをひく、ダンスをする、キャッチボールをするなどの日常的な動作は、右手と左手、上半身と下半身、目と手など、体の異なる部分をそれぞれ同時に動かして成立する動きです。こうした動きを「協調運動」といいます。

　発達性協調運動症は、この「協調運動」や、全身運動（粗大運動）、手先の操作（微細運動）など、運動面の課題が顕著な発達障がいの一つです。これらの運動・動作において、本人の年齢や知能にそぐわないほどの困難があり、日常生活に支障を来している場合を指します。

　発達性協調運動症がある子どもは、実際の運動上の困難だけでなく、「自分の体の各部分がどこにあり、どのような状態か」を把握する感覚（ボディイメージ）が乏しい傾向があります。よって、本人はきちんとした姿勢をとっているつもりでも、周囲から見たらどこか曲がっていたり、ぎこちない印象を与えます。

身体全体の動きがぎこちない

手先が不器用

着替えなど日常動作が遅い

# 発達障がいがある子どもへの
## 支援の具体例① ── 環境的配慮

　発達障がいがある子どもへの支援を行なう際、最初に考えたいのは、対象の子どもが生活しやすくなるための「環境的配慮」です。発達障がいがある子どもは、園内のルール、日常の動きなどを、「日々体験して何となく理解する」という従来の方法では、身につけられないことがあります。また、パニックになったり興奮してしまったときには、気持ちを切り替えたり、行動をコントロールするための「きっかけ」も必要です。自然に身につける、自分で気づくことを捉す前に、「目で見てわかる手がかり」を示すことが有効な場合が多いようです

　具体的な支援方法として、一日の流れや作業手順を視覚的に示す「スケジュール」、ルールを説明するための「ルール絵カード」などがあります。相手の気持ち、時間の流れ、場面のルールなど、目に見えないものをなるべく「視覚化」していくことで、何をしたらよいかを理解しやすくなります。また、言葉に遅れがある子どもの場合は、自分の気持ちや要求を大人に伝えられるよう、コミュニケーションカードなどを活用することも有効な場合があります。

# 発達障がいがある子どもへの支援の具体例②──かかわり

　発達障がいがある子どもとのやりとりでは、様々な点に配慮した「かかわり」が必要になります。例えば発達障がいがある子どもは、何か別のことに集中していたり、周囲の様々な刺激に気持ちが散ってしまい、大人が大切なことを話しているのに注意が向けられないことがあります。注意をしっかりと引きつけてから話したり、余計な刺激がない場所に移動して話すなどの工夫が必要になる場合があります。

　また伝えるときには、その子どもに「わかる」伝え方は何かを考えることが重要です。大人が話す「内容」よりも、「声の大きさ」や「トーン」に影響されて、「叱られている」と捉えてしまう子どももいます。「ダメ」など、大人が何気なく使っている言葉を、とても悲劇的に受け取ってしまう子どももいます。よくおしゃべりをし、一見言葉が達者な子どもでも一つひとつの言葉を、大人と同じ意味に捉えているとは限りません。その**子どもの目線にたち、何をどう捉えているのか、何にどう反応しているのかをよく観察**しましょう。その子どもが思わずやる気になる「魔法の言葉」を探すことも大切です。

伝えたことを極端に捉えてしまっていないか

別の刺激に注意が向いていないか

伝えていることを理解できているか

# 子どもの見立て——診断によらない子どもの捉え方

　発達障がいには複数の分類がありますが、症状や行動の特徴が診断ごとにきれいに分かれるのではなく、多くの場合併存\*しています。例えば、「自閉スペクトラム症」という診断でも、多動性や運動の障がいが合併していることもあります。逆に、基本症状とよばれる「こだわり」が緩やかであるなど、あるべきはずの特徴がそこまで顕著ではない場合もあります。子どもの実態を捉えるとき、**「診断」にとらわれすぎると、子どもが本当に困っていることや、その子のもつ可能性を見落としてしまいます。**

　診断名は、子どもの特徴の大枠を理解するために役立ちますが、その子どものねがいや「保育・教育的ニーズ」を表すものではありません。障がいの有無に関係なく、子どもはそもそも一人ひとりが異なる個性や背景をもつ、独立した存在です。強みや課題、興味や関心は、皆一人ひとり違います。子どもの日常的な姿をつぶさに捉え、「オーダーメイド」の支援を展開していきましょう。

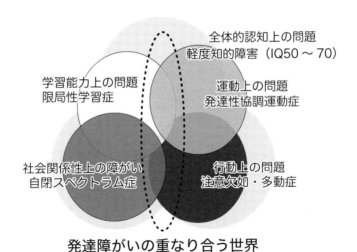

発達障がいの重なり合う世界

\*併存…複数の症状や特徴などを合わせもつこと

# 発達障がいのある子どもに特有の心の機能――実行機能

　「こだわりが強い」「パニックを起こす」「注意がそれてしまう」など、発達障がいがある子どもが示す行動は、"甘え"や"わがまま"ではなく、「実行機能」という脳の機能（はたらき）がうまく作用しないことが関係していると考える立場があります。

　「実行機能」とは、目的を達成するために行動や思考をコントロールする脳の機能のことです。例えば、子どもが先生の指示で片づけをするとき、「片づけ」を達成するまでに、以下のようにいくつもの壁を乗り越える必要があります。

①今遊んでいることを中断する（反応抑制）
②一つのおもちゃを片づけながら、別のおもちゃの散らばりを確認する（ワーキングメモリ）
③片づけ終わったおもちゃ箱がひっくり返るなど、不測の事態に対応する（切り替え）

　発達障がいがある子どもは、こうした実行機能に何らかの不具合が生じやすいといわれています。

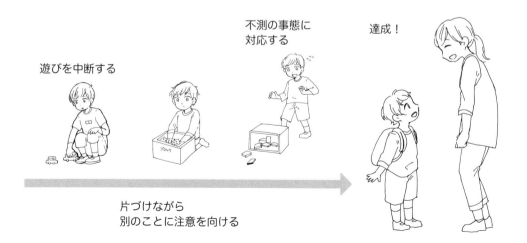

脳の実行機能のはたらきに何らかの弱さがある場合、頭ではわかっていることがなかなか実行に移せないことがあります。活動に取りかかることが難しかったり、取りかかれても最後までやり遂げることができなかったりします。何をすればよいかイメージをもっているのに、やってみるとできないということは、本人にとってもつらいことです。

　発達障がいがある子どもは、脳機能における何らかの不具合のために、自分でも行動を調整することが難しいのです。ですが、本人にも周囲の大人にも「脳の機能障害によるもの」とは理解されず、「本人の意識」や「やる気の問題」とか「怠けている」・「甘えている」と判断されがちです。その結果、厳しく叱ったり努力を強要するなど、間違った対応がなされて、事態が悪化する場合があり問題となっています。

## 第2章
# 子どもの理解を深めよう
──子どもを「知る」三つのポイント

🍀 第2章では、子どもの理解を深めるための三つの視点について紹介します。子どもが示す「気になる行動」には、様々な背景があります。こうした背景を捉える際、「障がいの特徴」とか「家庭環境のせい」などと、一面的な理解をしてしまうと、子どものねがいやニーズに迫ることが難しくなります。子どもを「知る」ための三つの視点を押さえることで、子どもの理解を深めるために「集めたい情報」とは何かについての手がかりをつかめるでしょう。

# 本人の発達上の課題

　子どもが示す行動上の問題は、言葉、運動、社会性などの発達が未熟なために生じてしまうことがあります。例えば、友だちのおもちゃを無理矢理とってしまう行動は、言葉に遅れがあり、上手に要求を伝えられずに強い行動で訴えるしかない中で生じているのかもしれません。

　発達的な未熟さが原因で生じる問題は、「子どもの成長を支える」ことで、解決に向かう可能性があります。この場合、即効性のある対症療法的な解決ではなく、日々の活動の中で少しずつ育ちを促すことが必要です。子どもの発達について理解を深めるためには、第1章で示した「発達障がい」のもつ基本的特性についても理解をしておきましょう。

## 🍀 育ち・成長の視点

　子どもの支援を考える際、**子どもの「できること」や「楽しいと思えること」を増やす**ための話し合いをしましょう。集団場面で子どもが難しい行動を示したとき、ややもすると集団活動を進めるのに都合の悪い行動をなくすことばかりを考えがちです。子どもが示す行動上の問題について話し合いながら、子どもの発達上の課題に気づくことが大切です。子どものどんな力や可能性を伸ばすのかを話し合うことで、子どもの自発的な成長を支えようとする前向きな支援となります。園での生活が幸福や楽しみに満ちたものになり、子どもが場所への信頼感をもてるよう配慮しましょう。

　個別の保育・指導計画では、子どもの目指すべき姿として「〜しようとする」「〜できる」などのように、育ちを促すための目標を設定します。

子どもの「できること」「楽しいと思えること」を
増やす支援目標を考えましょう

# 環境とのかかわり

　子どもの行動の背景を理解する二つ目のポイントは、「環境」です。「環境」とは、子ども同士や保育者、保護者とのかかわりである人的環境、保育室内の構成やおもちゃの配置などの物的環境を指します。例えば、子どもが友だちから孤立して遊んでいる背景には、友だちと遊べるおもちゃの種類が少ないこと、クラス内で誘い合う関係が希薄であることが影響している可能性があります。

　ほかにも、保育室内のおもちゃの個数、遊びのルールの明確化、活動手順の視覚的提示や回数の事前説明は物的環境の例です。人的環境としては、クラスの子どもたちや保育者の言葉づかい、声の大きさ、子ども同士のかかわりの量が挙げられます。これらの環境を整えることは、配慮を必要とする子どもにとって、望ましい行動を行なう「きっかけ」を増やすことにつながります。

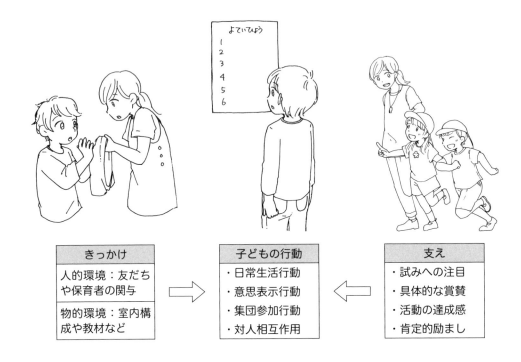

## 🍀 意欲向上の視点

　環境とのかかわりを見直す際、望ましい行動の「きっかけ」を増やす視点に加え、望ましい行動を続ける「意欲」を向上させる視点も含めましょう。子どもが「次もやってみよう」と期待にあふれた表情で活動を終えるには、取り組みや試みを肯定的に受け容れる人的環境が欠かせません。

　例えば、ジャンケン列車の駅員役など、その子なりの役割で活動に参加することを保育者と友だちが受け容れることが一例です。日頃の保育において、子ども同士が肯定的な言葉で認め合うクラス作りを心がけましょう。そのためには、保育者自身が、子どもや保護者、同僚に励ましや労いの言葉をかける人的環境になる必要があります。

# 生活体験と生育歴

　子どもの行動上の問題が長期化し深刻化する場合には、子どもがこれまで体験してきたことやどのように育ってきたかという生育歴が関係しているかもしれません。例えば、家庭でのしつけが大変厳しく、常に大人から叱られてきた子どもは、大人に対して怖いイメージをもっています。たとえ保育者が強く叱ったつもりはなくとも、注意や指摘をしただけで固まってしまう、嘘をつくなど、情緒的反応を示すことがあります。

　子どもが否定的な対人経験を蓄積させている場合、大人とのあたたかなかかわりなど、これまで体験できなかった「新たな対人経験」を積めるように工夫する必要があります。「新たな対人経験」を積むにはそれなりの時間がかかるものです。支援の成果が出るまでに時間を要することを想定しておきましょう。支援技術だけでなく、支援を行なう際の保育者のあたたかな姿勢や忍耐強さ、子どもに対する情緒的な投げかけが重要になります。

過去や日常の対人関係が現在の対人関係に影響する

## 🍀 関係構築の視点

　子どもの支援を考えるときには、配慮を要する子どもが「保育者（大人）や他の子どもたちとのよい関係を作る」ことを目指した話し合いをしましょう。そのために、配慮を要する子どもの**これまでの生活体験や家族歴\*についてもできる限り情報を集め、「その子どもにとって私たち大人はどう映っているか」**について協議する視点も必要です。

　また、過去の嫌な体験は、現在の活動への取り組み方にも反映します。例えば、これまで集団遊びや身体を使う運動で失敗経験をしてきた子どもは、その活動に参加することに対して抵抗感が強くなります。そのような場合は、環境調整や支援の工夫を行ない、活動への抵抗感に配慮しながら、支える側の保育者が粘り強くかかわり、取り組みを支えていくことも必要です。苦手な活動を繰り返してただ頑張らせるのではなく、苦しいことに共感する姿勢や、「できそうだ」と思えるような環境の工夫をしましょう。

叱られた経験により大人が怖い？

失敗経験が多いために苦手な活動を嫌がる？

\*家族歴…支援対象の子どもの家族内で生じた変化やかかわりの歴史

## コラム 2
# 子ども理解・まとめ──ケース・フォーミュレーション

　ケース・フォーミュレーションとは、ある一定の枠組みを使って、配慮を要する子どもが示す行動のメカニズムを分析し、効率的に理解する手続きのことです。
　そのために必要な情報を集め、支援の見通しをもち、どのように支援するのか、計画を立てます。このような方法をとることで、複雑な事例に対しても具体的な手立てを考えることができます。
　第2章では、ケース・フォーミュレーションを行なうための三つの枠組みを提案しました。
　子どもの行動を理解する際には、まずは現在子どもがいる「今・ここにある環境」を見直すことから始めましょう。子どもの側の問題ではなく、私たち大人が構成している環境そのものが、問題を引き起こしていることがあります。環境が変われば、おのずと子どもの行動が変化することがあるのです。
　現在の環境について十分考慮した後、子どもの力や「発達的特徴」を捉え、伸ばしたい力について考えましょう。子どもの現段階の発達状況は、個別の保育・指導計画における「支援目標」を考える上でも重要です。
　最後に、子どもの「過去」に注目し、これまでの生活経験や生育歴が現在の子どもの行動にどう影響しているかを捉えましょう。

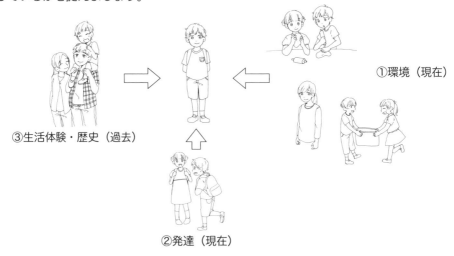

# 第3章
# カンファレンスを
# はじめよう
## ——準備と進め方

🍀 第3章では、園内の職員が、配慮を必要とする子どもの成長をねがい、チームになって知恵を出し合うカンファレンスについて紹介します。子どもの実態を把握し、現在うまく機能している支援を振り返ったうえで、手立てを計画するには、一人では限界があります。保育の準備や連絡ノートの記入、月案の作成など、保育現場は多忙です。限られた時間の中で、職員の実践力の向上につながるカンファレンスを進めるヒントが得られるでしょう。

# カンファレンスをはじめる前の準備

　カンファレンスは、参加者全員が子どもの成長とそれを支える環境を理解し、参加者の保育実践を見直す貴重な機会になります。1回のカンファレンスでは、時間的な制約もあるため、1〜2事例を取り上げることが一般的です。カンファレンスの参加者が、事例への理解を深めるために、事例に関する情報を紙面にまとめます。その際、客観的で具体的な情報を記載しましょう。

　例えば、「手先が不器用」よりも「はさみを使った曲線の連続切りが難しい」と記載した方が、支援を検討すべき場面が具体的になります。また、「紙を一緒に持って動かすと連続して切れる」のように、どのような支援があれば行動できるのか、肯定的な情報も記しましょう。カンファレンスでは、資料を用いたほうが事例に対する参加者の共通理解は深まります。資料に記載する項目の例を下記に示します。また、書式を付録に掲載しました。新たに資料を作成する時間がないときには、日頃の保育記録を活用しましょう。

**他機関への相談歴**
医師による診断や療育の利用などの情報

**保護者のねがい**
家庭で困っていることや将来への期待などの情報

**身辺自立**
身支度や食事、排泄など生活動作の情報

**社会性・行動**
他者とのかかわりや言葉の理解や表出などの情報

**その他**
これまでに挙げた事柄以外の情報

**健康状態**
睡眠や栄養摂取など生活習慣に関する情報

カンファレンスでは、参加者全員が対等な立場で主体的に参加することが求められます。参加者の中には、口数の多い参加者もいれば、少ない参加者もいます。参加者全員が、自分の考えを発言する前にまとめることができるよう付箋紙を用意しましょう。一人の参加者に4〜5枚の付箋紙が行き渡る枚数があるとよいでしょう。

　協議する内容を参加者全員で共有するために、カンファレンス・シート（付録に掲載）を準備しましょう。カンファレンス・シートの「改善したい行動」には、担任保育者が対象となる子どもの成長をねがい、目標となる行動を記します。シートには、参加者が検討すべき内容として、「対象児の特徴」「対象児の気持ち」「行動上の問題を予防する手立て」「行動上の問題が生じたときの対応」が用意されています。次ページ以降に事前配布資料とカンファレンス・シートの使用例を紹介します。

**対象児の特徴**
改善したい行動と関係した発達や行動の特徴

**対象児の気持ち**
改善したい行動が生じているときの気持ちやねがい

**予防する手立て**
行動上の問題に代わる望ましい行動が生じるための手立てや手がかり

**行動上の問題への対応**
行動上の問題が生じた場合の対応や望ましい行動を維持するための計画

# 事前配付資料の使用例

## 診断

- 医療機関にかかっている。
- 保護者は、「多動症ではないか」と担任に話したことがあったが、受診には至っていない。3歳児健診では特に指摘されず、保護者は自分の子育てに責任があるのかもしれないと悩んでいる。

> 外部専門家の指摘事項を記すことで、子どもの実態を多角的に捉えることができます

> 医師による診断や他機関への相談歴、保健師や巡回相談員など、外部専門家の指摘事項を記しましょう

## 保護者のねがい

- 外出中も待ち時間の多いときちゃんが多いところでマンツーマンで、走り出してしまうことがある。事故におちいることもなることもあり、外出するときには保護者が疲弊してしまう。

> 保護者が悩みやねがいを話せるように、日頃のコミュニケーションを大切にしましょう

> 保護者が子育てにおいて悩んでいることや心配なこと、将来へのねがいや期待を記しましょう

## 健康状態

- 健康状態は良好。好き嫌いはあまりないが、気分によって食べる量が違う。

> 感覚の過敏さややり切り換えの困難さから生活習慣が整わない子もいます

> 食習慣や睡眠などの生活習慣に関する実態、手洗いやうがい、歯磨きなどの清潔面を記しましょう

## 身辺自立

- 片づけや着替えなど、保育者が側にいると一人でできるが、集団場面だと終わっていないことが多い。

> 微細運動調整は年齢相応のスキルを有しているようですが、他の刺激に影響されやすいようです

> 身支度やスプーン・箸の使用、排泄などの生活動作の実態などを記しましょう

## 社会性行動

- 友だちとは接触しがちるが、距離の近すぎて他児から嫌がられてしまうことがある。力が強すぎたり、動きが激しすぎて、悪気はないが、友だちにけがを負わせてしまうことがある。結果的...

> 友だちとかかわりたい思いが強く、距離感を保つこと、力加減を調節することに課題があるようです

> 他者とのかかわりの意欲や表出など、言葉の理解や対人関係行動、活動への興味関心や多動性などの社会・生活行動を記しましょう

## その他エピソード

- 言葉を理解するはあるが、保育者の指示は聞けず、説明内容を理解できていないことがある。個別で再度説明すると理解できることがある。虫が好きで、図鑑を見たり、外で虫探しをするときには集中できる。

> 望ましい行動を促すことができた支援を記すことで、支援の糸口が見えてきます

> 好きなことや苦手な刺激、遊びの様子など、対象児の行動上の問題を理解するために、上記以外の事柄について記しましょう

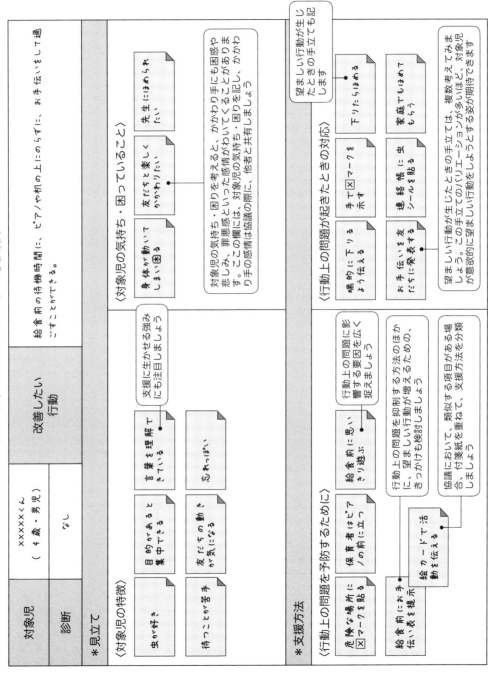

# カンファレンスの手順と進め方

　カンファレンスの準備が整ったら、参加者全員の実践力向上と子どもの幸福増進を目指してカンファレンスをはじめましょう。カンファレンスを進めるにあたり、まずはグループを構成します。3～5名で1グループを構成すると、参加者全員が意見を発言でき、意見もまとめやすいでしょう。

　次に、各グループにおいて、進行係1名、記録係1名、発表係1名を決めましょう。進行係は、時間内に協議が進むように時間管理を行ないます。記録係は、グループ内で協議された事柄を紙面にまとめます。記録と同時に、グループの協議にも参加し、意見を聴き、発言することが求められます。発表係は、グループでの協議後に、ほかのグループの参加者に向けて、協議内容を発表、共有をはかります。

| 進行役 | 発表役 | 記録役 |
|---|---|---|
| 時間管理をしながら、メンバーに質問しながら進行する | グループの意見を代表して他グループに発表する | 協議に参加しながら、協議した内容を記録する |

本書で紹介する手順は、園内の職員全員で行なうことを想定しています。しかし、クラス会議や年齢別会議において実施することも可能です。その場合は、以下の表に示す手順（5）の発表や（6）のまとめを職員会議にて実施するように工夫してください。ここでは、インシデント・プロセス法\*を参考にした手順を紹介します。

## 〈カンファレンスの手順〉

| （1）事例の概要の発表 | | 事例提供者が、事例の概要資料にそって、子どもの実態と子どもを取り巻く環境、課題となっている行動上の問題について発表します。 |
|---|---|---|
| 5分 | 職員全体 | |
| （2）事例に関する質問 | | 事例の理解を深めるため、参加者が事例提供者に質問をします。具体的に質問し、重複した質問を避けます。質問者が偏らないよう、一人一つの質問を心がけましょう。 |
| 10分 | 職員全体 | |
| （3）支援の手立ての計画 | | カンファレンス・シートの項目について、付箋紙に書き出します。予防や対応は、「誰が」「いつ」「どこで」「何を」「どのように」を記します。実行可能か、有効か、という視点に囚われないようにしましょう。 |
| 10分 | 個　人 | |
| （4）グループ協議 | | 付箋紙をカンファレンス・シートに貼り、支援の手立てを発表します。その手立てを考えた理由も「対象児の特徴や気持ち」とともに発表します。類似の意見をまとめ、グループの意見を話し合いましょう。 |
| 15分 | グループ | |
| （5）発表 | | 各グループ、4分程度でグループの意見を発表します。全員が各グループの発表を聴き、自身の保育実践を振り返り、明日から生かせる手立てを増やしましょう。 |
| 15分 | 職員全体 | |
| （6）まとめ | | 最後に、事例提供者から感想、明日からの保育への意気込みを発表してもらい、カンファレンスの意義を全員で共有します。 |
| 5分 | 職員全体 | |

\*インシデント・プロセス法…事例研究法の一つです。インシデントとは、実際に起こった出来事のことです。参加者は事例提供者に質問することで、情報を収集し、問題解決の方法を考えます。参加者全員が事例提供者の立場で考えるため、参加者の問題解決力の向上が期待できます。

# カンファレンスのルールとマナー

　本書で紹介するカンファレンスは、参加者全員の実践力が向上し、保育者がチームとして子どもの幸福の増進に向かって一丸となることを目標としています。カンファレンスに参加する保育者は、経験年数や得意とする領域、養成課程で受けてきた教育内容が異なります。様々な人材が集まるカンファレンスにおいて、目標達成に向けて歩むには、守るべきルールと心がけるべきマナーがあります。

　守るべきルールは、三つあります。一つ目は、事例提供者の保育を非難するような発言は控え、ともに支援の手立てを考えることです。「これがいけない」「こうすべき」と非難をすると、保育に悩んでいる事例提供者を追い詰めることになってしまいます。「この取り組みは素晴らしい」「このような手立ても考えられる」と事例提供者を励ましましょう。

二つ目は、カンファレンスにおいて出てきた意見を否定せず、肯定的に捉え意味づけることが必要です。時には、実行が難しいと思われる意見が出てくるかもしれません。その時には、「それは難しい」ではなく、「こういう状況が整えば可能でしょう」と可能になる条件を考えましょう。三つ目は、ベテラン保育者も若手保育者も対等な立場で話し合うことです。ベテランが教え、若手が教わる機会は必要です。しかし、カンファレンスでは、全員が主体的に支援の手立てを考えることが求められます。

　最後に、一人ひとりが意見を聴いてもらえていると感じられる雰囲気をつくるマナーも心がけましょう。話し手に注目し、うなずきながら全身で聴く姿勢が、話し手の発言を促します。相手が話しているときには遮らず、最後まで聴くことは、あたたかい雰囲気を保つことにつながります。

**参加者全員によるカンファレンスのために**

事例提供者を励ます姿勢

意見を肯定する姿勢

対等な立場で協議する姿勢

# カンファレンスを個別の保育・指導計画に生かす

　カンファレンスを終えたら、個別の保育・指導計画の作成に生かします。その際に参考になる資料が、カンファレンスにおいて、各グループが協議した内容の記録です。各グループが協議した予防や対応の手立てを見直し、対象となる子どもやクラスの実態をふまえて、個別の保育・指導計画を作成しましょう。記録を見直すと、すでに取り組んでいる内容や実施が難しいと思われる内容が書き残されている場合もあります。この場合、「もうやっている」「これはできない」と判断するのではなく、「もっと充実させるためには何をしよう」「実施するには、何から始めよう」と建設的に記録を見直しましょう。新たな視点で記録を見直すには、一人では限界があります。その記録を残したグループのメンバーに質問をし、記録を生かしましょう。

個別の保育・指導計画に基づく実践は、その成果を定期的に振り返り、目標や支援の手立てを改善します。そのため、カンファレンスも個別の保育・指導計画の評価・改善と同じ時期に、定期的に行なうと効果的です。個別の保育・指導計画に反映させるためには、カンファレンスにおいて事例提供者が事例の概要を発表する際、これまでの支援の手立てと成果、新たな課題を発表します。

　園によっては、配慮を必要とする子どもが数多く在籍しており、すべての子どもを事例として取り上げたいと思われるでしょう。しかし、繰り返し述べているように、カンファレンスの目標の一つは、参加者全員の実践力の向上です。代表的な事例を選び、カンファレンス中の実りある協議が各クラスにおける個別の保育・指導計画へ確実に活用されるようにしましょう。

# 第4章
# 個別の保育・指導計画を作ろう
## ──書き方と活用

🍀 個別の保育・指導計画は、「書くのが難しい」とか「作成する負担が大きい」というイメージはありませんか？　第4章では、本書で提案する「個別の保育・指導計画」の書式を紹介しながら、具体例を挙げてその書き方や活用方法のポイントをまとめています。個別の保育・指導計画は、その意義や目的をしっかり理解して作成することで、現場での保育実践を支える大きな助力となります。

# 個別の保育・指導計画の意義

　個別の保育・指導計画は、子ども本人や保護者の視点に立ち、支援対象となる子どもの保育・教育的なニーズを解決することを目的に記述されます。機関同士の連携をテーマとする「個別の保育・教育支援計画」とは違い、「園・学校内で、保育者（または教員）がどのように子どもにかかわるか」を具体的に記述します。ここで重要なことは、個別の保育・指導計画は「設定保育中の立ち歩きをなくす」など、保育者にとって「困った行動」の解決を図るものではないということです。保護者の障がい受容や子どもの問題に対する気づきを促すために、保育中の子どものわるいところばかり記述することも、間違った活用方法です。子ども本人や保護者のねがいを保育の力で支えていくことが目的です。

　一方、個別の保育・指導計画は、支援対象の子どもにかかわるすべての保育者で、かかわりや対応の足並みをそろえる機能ももっています。よって、園内で共有すべき情報を簡潔にまとめ、子どもにどの場面でどうかかわればよいか、誰が読んでもわかる書き方をしなければなりません。

子どもや保護者のねがいを捉えることが大切です

## ✤ 支援の羅針盤としての個別の保育・指導計画

　子どもに特別な配慮が必要な場合、周囲の大人は、成長をねがうあまり、様々なことを一度に解決したいと思ってしまうことがあります。障がいの有無や年齢の高低にかかわらず、私たちは皆、複数の課題やつまずきをもっていますが、それらを一度に克服することはできません。あれもこれもと多くのことにチャレンジすると、子どもに過度な負担をかけてしまいます。

　「個別の保育・指導計画」は、**その子どものもつあらゆる課題の中から、子ども自身もねがう「本当に重要な目標」**を記した、いわば支援の**「羅針盤」**です。日々のかかわりの中で支援の方向性に迷いが生じたときも、その子どもや保護者にとって何が大切だったのかを思い出させてくれるものです。一つの支援目標を意識しながら保育を実践し評価するというサイクルは、保育者の支援技術向上にもつながります。これらの過程で、保護者とともに、子どもの一つひとつの成長を確かめ喜びあうことが大切なのです。

# 個別の保育・指導計画の書式

　個別の保育・指導計画の書式には、様々なものがありますが、公立の小中学校では、教科ごとに支援方法を記述するタイプが主流です。幼稚園・保育所の場合は一般的に、保育における６領域を意識した書式が多いようです。領域やカリキュラムをベースとした書式を用いる場合、全体の記述量が多くなるために、支援目標を達成するのに一番大切な内容の記述が浅くなってしまう可能性があります。

　また保育現場では、園によってカリキュラムが異なります。カリキュラムベースの書式では、各園の状況にそぐわないため書きにくくなる場合があります。本書で提案する個別の保育・指導計画は、支援を実践する場面を各園のカリキュラムの中から選定できるよう工夫しました。また、支援目標を絞ってすべての人が何を意識すべきかわかるようにしました。

　しかし書式は必ずしも所定のものにこだわる必要はありません。各園の実情にあわせて、形や中身を工夫してもよいでしょう。

　本書の個別の保育・指導計画の書式は、以下に示すような項目が設定されています。

1）対象児氏名／診断名
2）支援目標
3）児童の実態／好み・強みなど
4）場面・状況／支援方法／手立て
5）評価

## 🍀 事例：4歳　男児　じっとしていられないOくん

　とにかくじっとしていられないOくん。保育者と二人でお話したり作業をするときは落ち着いていますが、集団になると落ち着かず、きちんとしていないといけない場面でも近くにいる子どもにちょっかいをだしてしまいます。同じクラスの子どもも、隣に座るのを嫌がったり「Oくんだめだよ！」と注意する子どももでています。特に給食前やお部屋の移動の前後などの活動の合間、自由遊びなどでは室内で走り回ってしまいます。机やピアノの上に登るなど危険な行動もあり、結果的に周りの子どもが押し倒されたりぶつかったりすることも多いです。

　危ないことをした場合、静止してその場で「なぜいけないのか」を説明しますが、顔を背けたり走りだしたりして全く聞くことができません。Oくんに教室のルールを理解させ、行動を落ち着かせるためにはどのようにしたらよいでしょうか？

## ○くんの事例検討資料

| | |
|---|---|
| 診断 | ・診断はなし。<br>・保護者は「多動症ではないか」と担任保育者に話をしたことがあったが、受診には至っていない。3歳児健診でも特に指摘されず、保護者は自分の子育てに責任があるのかもしれないと悩んでいる。 |
| 保護者のねがい | ・外出中も待ち時間の長いときや人が多いところでソワソワし、走り出してしまうことがある。事故にあいそうになることもあり、外出すると保護者が疲れ果ててしまう。 |
| 健康状態 | ・健康状態は良好。好き嫌いはあまりないが、気分によって食べる量が違う。 |
| 身辺自立 | ・片づけや着替えなど、保育者が側についていると一人でできるが、集団場面だと終わっていないままどこかへ行ってしまうことが多い。 |
| 社会性行動 | ・友だちとは接触したがるが、距離が近すぎて嫌がられてしまうことがある。力が強すぎたり動きが激しすぎて、悪気はないが、結果的に友だちにけがを負わせてしまうことがある。 |
| その他エピソード | ・言葉を理解する力はあるのに、保育者の指示は聞けず、説明内容を理解できていないことがある。個別で再度説明すると理解できる場合が多い。<br>・虫が好きで、図鑑を見たり、外に虫探しに行くときには集中できる。 |

# 支援目標の設定①——ニーズの聴取

　支援目標は、個別の保育・指導計画の要となる、最も重要な項目です。子どもの支援目標を決定するために、まずは保護者のニーズを確認しましょう。子どものことで保護者が困っていること・気になっていることをふまえながら子ども本人の課題を特定し、支援目標を決めていきます。

　ここで重要なことは、**保護者の話にしっかり耳を傾け、悩みや不安に共感することです**。保護者の遠慮や警戒を解き、話しやすい雰囲気を作るよう心がけましょう。しかし**支援目標は、保護者の都合を中心に考えるのではなく、「子どもの利益」を一番に考えて設定する**必要があります。よって、保護者のニーズと園での子どもの実態を照合し、子ども本人の目線でニーズを捉え直していく作業が必要となります。当然、支援目標の記述も、子ども本人が主語になるような書き方を心がけましょう。

園での様子

家庭での様子

保護者のニーズをよく聞きながら、「今子どもが困っていることは何か」よく話し合いましょう

# 支援目標の設定②——無理のない支援目標の設定

　支援目標を設定するとき、周囲の大人は、子どもの将来の社会適応を心配するあまり、「できるようになってほしい」というねがいを支援目標に強く反映させてしまいがちです。子どもの成長をねがうのは大人としてごく自然なことですが、時にその目標が、今のその子どもにとってはハードルが高く、大きな負担になってしまうことがあります。大切なのは、「子どもができるようになること」ではなく、子ども自身が「困っていることを解消できること」「新たな体験を楽しめること」「達成できたことに喜びを得ること」なのです。

　支援目標を決める上での最初の一歩は、「今子どもができていること・取り組めていること」を承認することです。そして、子どもにとって「あと一歩」で手が届く目標、その「三歩先」にめざしてみたい目標を想像し、支援目標を決めていきましょう。

# 支援目標の設定③——Oくんの場合

さて、ここで前ページで紹介した事例Oくん（55ページ参照）について考えながら、「個別の保育・指導計画」の書き方について確認していきましょう。

Oくんは、担任保育者から「集団活動の最中にソワソワして落ち着かない様子」が報告されています。保護者も子どもの同じ行動を気にしていますが、特に「動き回ることによって自分や周囲の子どもがけがをすること」を心配しています。一方保育現場でも、高いところに上るなど、けがにつながる危ない行動が見られていますので、これらの行動の改善を意識した支援目標を設定します。

また、「ソワソワ動き回ってしまう行動」は、注意欠如・多動症（ADHD）特有の「多動性」のように、本人も意図せずに生じてしまう行動なのかもしれません。子ども自身の力だけではコントロールすることが難しい場合、「大人しく待つ」という目標は、Oくんにとって負担が大きくなります。また、周囲にとって不適切な行動を抑制させるような「〜しない」という記述も、本人の成長を促すという観点からそれてしまいます。

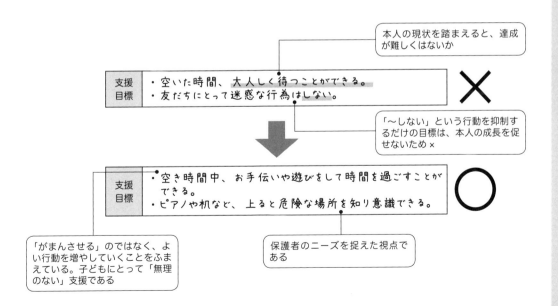

# 児童の実態／好み・強み①

　「児童の実態」は、特に支援目標に関係する、子どもの行動の特徴を記入します。これは、「自閉スペクトラム症だから"こだわり"がある」などの診断から推察される特徴というよりも、保育現場や家庭で見られる「気になる行動」を記述していくことが重要です。しかし、子どもの示す行動から、その原因やしくみを推察していくには、専門的な知識や経験が必要になります。できれば保育カンファレンスや巡回相談の中で十分に議論し、記述していくのが理想的です。

　書式中のこの欄では、**支援対象の子どもの好きなものや得意なこと、よいところなども記述します**。これらの情報は、保育者が子どもの目線にあわせ信頼関係を構築したり、やる気を引き出す環境の工夫をする上で、大変重要な情報となります。

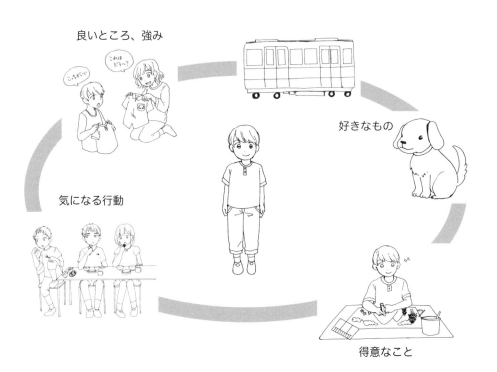

# 児童の実態／好み・強み② ── Oくんの場合

　「児童の実態」を記述するときは、「〜できない」などの表記は原則行ないません。子どもがその行為をいつでもどのような場面でも「できない」ように捉えられてしまうからです。**どの場面で「できない」のか、あるいは「どんな援助があればできるのか」など、具体的に記述しましょう。**また、「危ない行動」など、人によってイメージが異なる曖昧な表記も避けましょう。他の保育者が読んだとき解釈が異ならないように、「高いところに上る」など、誰が見てもわかる行動として記述します。

　好みや強みについては、「●●が好き」などのように、ただ好きな物を記述するのではなく、それを使ってどのように遊べるのか、人とのかかわりに活用できるかなどの情報を詳細に記述しましょう。

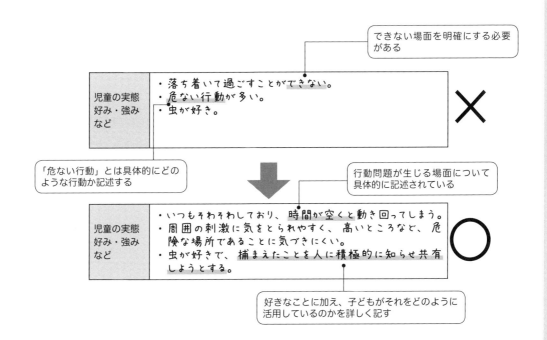

# 支援方法／手立て①

　「支援方法／手立て」は、支援目標を意識して、保育中に行なう子どもへのかかわり方を示す具体的な指針です。**「どの場面で」「誰が」「どのように支援するのか」について、具体的に記述をします。**よって、巡回相談や保育カンファレンスでは、この「支援方法／手立て」の欄が詳細に記述できるよう話し合うと、現実的に実践できる手立てをまとめることができます。

　ここで重要なことは、支援方法は、必ず「実践する上で無理のない、実行可能な支援」であることです。そうすることですべての保護者が計画した手立てを続けて実践することができます。インクルーシブ保育では、配慮を要する子どもに個別的にかかわれる機会は限られてきます。あれこれ実践するよりも、まず「どの場面で」「どんな手立て」を「誰が」実践するのか、明確にしておきましょう。

# 支援方法／手立て② ── Oくんの場合

「支援方法／手立て」の欄には、「〜促す」「〜を工夫する」など、主語が保育者となるように記述します。支援対象となる子どもにかかわるすべての保育者が、同様のかかわりを行なえるよう、誰もが見てわかる具体的な記述を心がけましょう。例えば、「注意する」など曖昧な表現でなく、どのタイミングで行なうのか、どのような言葉やサインで伝えるのかを詳しく記します。声のトーンや話す速度、ジェスチャーの示し方なども書けると一層よいでしょう。

支援場面には、支援目標を達成する上で直結する場面だけではなく、もう一〜二つの場面を想定しておくとよいでしょう。子どもの成長を促すには、子どもが主体的になりやすい自由遊び場面などでの支援が効果的です。

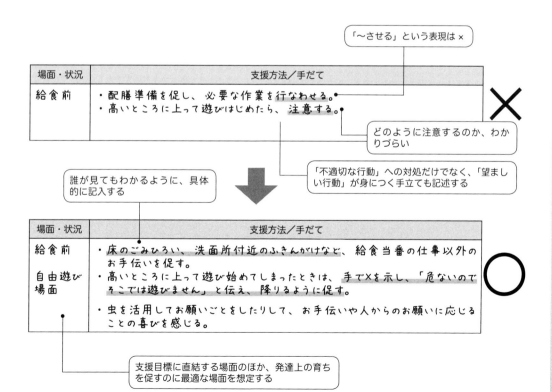

# 評価／見直し・修正

　「評価」は、「支援方法／手立て」で記載したかかわりを実践して、子どもにどのような影響や効果があったのかを判断するための項目です。「個別の保育・指導計画」は、年に２〜３回ほどその成果を振り返る機会を作り、評価・見直しを行なうサイクルが一般的です。評価の仕方は色々な方法がありますが、本書では、以下の三つの評価軸を提案しました。

○…達成→ステップアップ　　△…継続／経過観察中　　×…見直し・修正が必要（65ページ参照）

　　○は、支援目標がある程度達成されたため、新たな支援目標に向けて手立てを更新しステップアップしていくことを指します。△は、実践した手立てが支援目標の達成に効果が見込めそうで、このまま継続し経過観察をしたい場合に記述します。**×は、実践しても効果が見込めないとき、手立ての「見直し・修正が必要」と判断する場合の評価です。**実践上「何がどう難しかったのか」について、例えば付箋などにメモして空欄に貼り付けると便利です。その後、新たに考えた手立てを、点線より下の欄に記載します。

> それぞれの手立てについて、○△×で評価する

| 場面・状況 | 支援方法／手だて | 評価 |
|---|---|---|
| 自由遊び場面 | ・虫を活用してお願いごとをしたりして、お手伝いや人からのお願いに応じることの喜びを感じる。 | ○ |
| | ・危ない場所には×マークを貼り、マークに注目させながら危険を意識できるように注意を促す。 | × |
| 自由遊び場面 | ・危ない場所に登ることで、保育者とのかかわりのきっかけを作っているかもしれない。危ないことをしているときは、遊びこめずに時間を持て余している可能性があるため、特定の遊びが続くように支援する。 | |

> ×マークに注意を向けることが難しかった。「危ない」ということも理解できている様子があった。

> 「×」と評価した後、支援経過で気がついたことと新たな手立てを記載する

> 「×」の場合、何がどううまくいかなかったのか、経過や様子を記述する

# 個別の保育・指導計画（事例○くん）

**【上部の注釈】**

- 保護者のニーズをふまえ、子ども自身が困っていることを解決するための目標を考えましょう。子ども本人が主語となるように記述します。
- 支援の成果を振り返り、目標の修正が必要になる場合に新たな目標をこのスペースに貼り付けて記述します。この欄や右のスペースに付箋を足してもよいでしょう。
- 支援目標に関係する行動や行動特徴や強みを記入します
- 支援の遊び中で新たにわかったことを書き足しています

| | |
|---|---|
| 対象児 | ○くん（4歳・男児） |
| 診断 | なし |
| 支援目標 | ・空き時間中、お手伝いや遊びとして時間を過ごすことができる。<br>・ピアノや机など、上ると危険な場所を知り意識できる。 |
| 児童の実態 好み・強み など | ・いつもそわそわしており、時間が空くと動き回ってしまう。<br>・周囲の刺激に気をとられやすく、一定時間集中して取り組むことが難しい。<br>・高いところなど、危険な場所であることに気づきにくい。<br>・虫が好きで、捕まえたことを人に知らせ共有しようとする。<br>・家庭では、恐ふや草むしり、花の水やりなどに好んで取り組んでいる。 |

**【評価欄の注釈】**

- 行動問題が生じないための事前の工夫、生じたときの対応方法などを記述しましょう。
- 支援者である保育者が主語となるように記述しましょう。「言葉がけをする」など曖昧な表現でなく、だれが見てもわかるよう具体的に記述しましょう
- ○…達成→ステップアップ　△…継続・経過観察中　見直し・修正が必要　×…だった場合、うまくいかなかった原因、その時の様子などを記入し、新たな手立てを記入します　付箋を活用してもよいでしょう

| 場面・状況 | 具体的な手立て・支援 | 評価 |
|---|---|---|
| 給食前の空き時間 | ・床のごみひろい、洗面所付近の机を拭くなどの配膳準備を行なえるよう、加配保育者が一緒に作業を行なう。 | ○ |
| （支援する場面を複数検討するとよいでしょう） | ・「手を洗う」「自分の机を拭く」など、加配保育者がついて、一緒に作業を行なう。 | △ |
| | ・高いところに上って遊び始めてしまったときは、手で×を示し、「危ないのでそこでは遊びません」と伝え、なるべく自発的に下りるよう促す。緊急時以外は強制的に下ろすような手立ては避ける。 | △ |
| 自由遊び場面 | ・虫にかかわる遊びの中でお願いごとをしたりして、人からのお願いやお手伝いに応じることの喜びを感じる。 | ○ |
| 自由遊び場面 | ・危ない場所に上ったり、危ないことをしているときは×マークを貼り、マークを注目させ「危ない」ということを意識できるように注意を促す。<br>・危ない場所に上ったり、危ないことがあるため、特定の遊びを続けている様子が余している可能性があるため、特定の遊びを楽しめるように時間を持って支援する。 | × |

×マークに注意を向けることが難しかった。「危ない」ということを理解できていない様子があった。

# 第5章
# 事例について考えよう
―― カンファレンス＆個別の保育・指導計画作成の
ための実践ワーク

♣ 第5章では、保育現場での巡回相談で話題になりやすい事項を踏まえた、
六つの仮想事例を提供しています。第1章〜第4章で取り上げた内容を基
にして、個別の保育・指導計画を作成するための実践ワークとして、園内
研修でも活用できる内容となっています。各事例の理解と支援のページで
取り上げられている事項やキーワードをしっかりと捉えることで、「事例を
理解する力」を高めることができます。

# 5歳　男児
## 設定保育中に保育室を抜け出すAくん

　Aくんは、集団での活動に参加できないことがあって困っています。最近では、音楽の時間、保育室を抜け出して園庭に出て行ってしまいます。一度保育室に戻しても、演奏が始まったとたんすぐにまた保育室を出てしまい、「戻しては出て行く」の繰り返しです。保育者が追いかけると、追いかけっこを楽しむ形になっているように思います。以前は運動会のリズム体操の練習時にも同様の様子がありました。

　現在、音楽では秋の発表会に向けて合奏に取り組んでいますが、このままだとAくんは本番にも参加できないのではないかと悩んでいます。合奏ではAくんの好きなマラカスをあてているので、楽器ができないわけではないのですが……。

## Aくんの事例検討資料

| | |
|---|---|
| 診断 | 3歳児健診で「言葉が遅い」と指摘されたことをきっかけに医療機関を受診。医師より「自閉スペクトラム症が疑われる」といわれるが、その後医療機関でのサポートは特になく、正式な診断も出ていない。 |
| 保護者のねがい | 嫌いな音楽が流れると怒ったり、服が少しでも濡れたりすると着替えたがったりする。苦手な刺激が多く、新しい体験もなかなかできないため、このままでよいのか、悩んでいる。 |
| 健康状態 | 健康状態は良好だが、かなりの偏食がある。 |
| 身辺自立 | 身の回りのことは一通り自分でできるが、芳香剤や薬品の香りが嫌でトイレに入れなくなることがあった。暑い日には服をぬいでしまったり、服が濡れると着られなくなったりする。 |
| 社会性行動 | 簡単な会話をすることはできるが、言葉が続かず、おぼつかない様子。言われていることはわかっているようである。保育者の気をひくようなこともあり、大人とのかかわりを好んでいる。保育室を出てしまい、集団に入ることが難しいことがあるが、製作は好きで意欲的に参加している。 |
| その他エピソード | 4歳時に入園。入園当初は不安が強く、母と離れることができなかった。5歳になってからあまり泣かなくなり、朝の母子分離もスムーズにできるようになった。 |

## ❀ 事例理解のポイント

### 発達上の課題

【現状・表われている行動】 【行動の背景】

| ・音楽やリズム体操の設定保育に参加できない<br>・嫌いな音楽が流れると怒ったり、服が少しでも濡れたりすると着替えたがったりする<br>・芳香剤・薬品の香りが嫌でトイレに入れないことがある | ▶ | ※感覚障害<br>　聴覚、視覚、味覚、皮膚感覚などにおいて、特定の刺激に対して過敏に反応し嫌がったり、あるいはとても鈍かったりする特徴のこと |
|---|---|---|

第 1 章20ページ 「自閉スペクトラム症」参照

### 環境との相互作用

【現状・表われている行動】 【行動の背景】

| ・音楽やリズム体操の時間に保育室から出てしまう<br>・保育者が追いかけると、追いかけっこになってしまい、それを楽しんでしまう | ▶ | ・保育室を出ると、嫌な刺激（音・音楽）から逃れることができる<br>・保育室から出ると保育者が追いかけてくれ、追いかけっこを楽しむことができる |
|---|---|---|

第 2 章34ページ 「環境とのかかわり」参照

## ♣ まとめ

◆Aくんにとって「音楽」や「リズム体操」で流れる音や様々な感覚刺激が、とてもつらいのでは？

◆保育室から園庭に出て行く行動は、①嫌な刺激から逃れられ、②追いかけてくれる保育者と一緒に遊べるので、続いてしまうのではないか？

## ❀ 自閉スペクトラム症の子どもの「感覚障がい」

　特定の音やにおいなど、とても不快に感じられる（感覚過敏）ことにより、極端な偏食、服の肌ざわりにこだわるなどの行動が現れることもあります。苦手な刺激の種類は、人によって様々です。逆に、痛みや自分のにおいに鈍感だったりする感覚鈍磨(どんま)がみられることもあります。

感覚過敏

感覚鈍磨

　楽しいときや何かに夢中になっているときには、嫌いな音や刺激も気にならないことがあります。そのために周囲からは「おおげさ」とか「嫌なことをしたくないためのいいわけ」と捉えられてしまうこともあります。

――― ◆知っておきたい！その他の特徴 ―――

　感覚障がいがある子どもには、偏食が多い、列の後ろの方を好むなど、自分にとって負担のある刺激を避ける行動（刺激回避行動）が比較的多く生じます。一方で、回っているものを見続ける、水ばかり触っているなど、自分の好きな刺激を受け続ける行動（自己刺激行動）がみられることもあります。子どもの行動をふまえて、好きな刺激、嫌いな刺激を見極めましょう。

刺激回避行動

自己刺激行動

## ❈ 支援のポイント

【支援の方向性】　　　　　　　　　　【具体的に取り組みたいこと】

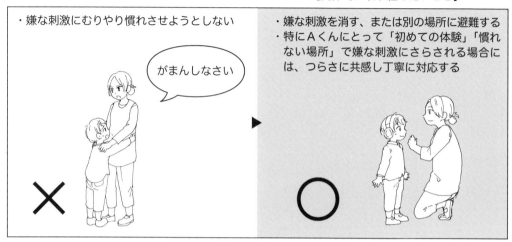

　Aくんにとって、嫌な刺激にさらされることは、**理屈ではなく生理的につらいことです**。単純に「そのうち慣れる」と捉え我慢を促すと、Aくんが園や保育者に安心感をもてなくなり、関係を損ねてしまう可能性があります。イヤーマフやパーテーションを使って刺激を遮断したり、遠くから活動を見守ることを許可するなど、配慮が必要です。まずは、何がその子どもにとって嫌な刺激なのかを把握し、「つらい」という気持ちに共感する心が大事です。

［イヤーマフ］
耳全体を覆う防音のための道具。ヘッドフォンのような形状をしている。

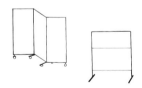

［パーテーション］
部屋や空間を仕切るための道具。
折りたたみ式でキャスター付きの移動できるタイプが使いやすい。

　　　　　　　　◆長期的に取り組んでいきたいこと

　将来、Aくんが自分で苦手な刺激について周囲の人に「嫌だ」と伝えられるようになると、周囲の人もAくんの過ごしやすい環境を作るために努力することができます。

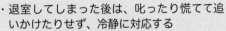
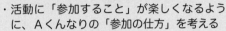

　活動中に退室することで、「保育者と一対一で楽しい時間が過ごせる」という流れが定着すると、音楽活動に関心をもったり、体験や学びの機会をもつことができなくなってしまいます。音楽活動に興味がもてるようになれば、参加できるチャンスが生まれるかもしれません。

◆長期的に取り組んでいきたいこと

　「何としてでも参加させたい」と思い参加を促すのは、「本人の成長を促す支援」になりません。本人が活動に興味をもったり意欲的になれるように、できること、興味のあることからじっくりと行ないましょう。自由遊びなどを使って、関心のある遊びやおもちゃを増やしていくことも重要です。

評価・修正ナシ

## 個別の保育・指導計画

| 対象児 | Aくん<br>5歳（<u>男児</u>・女児） | 支援目標 | ・苦手な音や刺激がある場面でも、嫌な刺激に触れないようにしながら、音楽活動に興味がもてるようにする。<br>・嫌な刺激があるときに、言葉で伝えられるようにする。<br>（見直しの際、修正した目標・追加した目標を記入） |
|---|---|---|---|
| 診断 | 自閉スペクトラム症の疑い | | |

| 児童の実態<br>好み・強み<br>など | ・感覚障がいがあり、音楽やリズム運動のときの音量の大きい音やいくつか楽器の音が苦手。その他、偏食ぎみだったり、服が濡れている状態が苦手だったりと、苦手な刺激がある。<br>・マラカスなどの楽器は好きで、振って楽しむことができる。<br>・製作は好きで、積極的に取り組めている。<br>・言葉でのやりとりが苦手で、自分から要求を伝えられない。 |
|---|---|
| | （見直しの際、修正した目標・追加したい目標を記入） |

| 場面・状況 | 具体的な手立て・支援 | 評価 |
|---|---|---|
| 音楽・リズム運動 | ・イヤーマフを使ったり音量を下げたりして、苦手な音が入らないような工夫をし、活動に参加しやすいようにする。<br>・保育室の入口付近や別室などで、保育者と一緒にマラカスの練習をする。楽器を使うことに楽しみをもてたら、他の児童の演奏を眺めてみる。<br>・<u>保育室を出て行ってしまった場合は</u>、ゆっくりとついて行き、追いかけっこにならないよう配慮する。「●●の音が嫌？」と言葉がけして、「嫌だ」ということを伝えられるための伝え方の見本を示す。 | |
| 給食 | ・苦手な食べ物を無理矢理食べさせることはせず、どうしても食べられない場合には、「食べられない」と保育者に伝えるように促す。 | |
| 着替え | ・服が濡れて嫌なときには嫌であることを伝えるよう促し、一緒に着替えを行なう。保護者に着替えを複数用意してもらう。 | |
| | （見直しの際、修正した目標・追加したい目標を記入） | |

- 「参加させること」だけが目的にならないようにしましょう

- 言葉にこだわらず、本人の利用しやすいコミュニケーションを検討することも重要です

- どんな刺激が苦手なのか、普段の様子を観察したり、保護者から聞いたりして確認し、なるべく詳しく記述しましょう

- 行動上の問題が起きてしまった場合にも、どのように対応するか、具体的に記述しましょう

- 苦手な刺激があることで、他にも困っている場面があるかどうか、考えてみましょう

# 4歳　男児
# かんしゃくを起こすことの多いBくん

　Bくんは、かんしゃくを起こすことが多く、保育者はBくんに落ち着いて過ごしてほしいとねがっています。とくに、自分の好きなことを止められたとき、自分が使いたいおもちゃをほかの子が使っているときに、相手を叩いたり、蹴ったりと暴力をふるいます。保育者が暴力を注意すると、保育者に対して手や足が出ることもあります。Bくんは、力の加減を調整することが難しいため、あざができるほど強く叩くこともあります。落ち着いてから話をすると、Bくんは、暴力がいけないことだとわかっているようですが、衝動が抑えられないようです。

　Bくんが、他の子どもとトラブルにならないようにするには、どのようにしたらよいのでしょう？　また、暴力をふるってしまったときには、どのように対応したらよいのでしょうか？

## Bくんの事例検討資料

| | |
|---|---|
| 診断 | 3歳児健診にて、保健師から行動面の落ち着きのなさを指摘され、個別に心理相談を受けた。その後、医療機関には相談していない。 |
| 保護者のねがい | 友だちに暴力をふるうことなく、かかわってほしい。家庭でも感情のコントロールが難しい。特に、遊びを止めて食事をすることが求められたとき、お店でおもちゃを買ってほしいときに顕著である。自分で気持ちを落ち着けられるようになってほしい。 |
| 健康状態 | 健康状態は良好である。食事は好き嫌いが激しく、麺類や肉類など、好きな食べ物は何度もおかわりを要求する。最近では、おかわりの回数を事前に約束すると守ることができた。 |
| 身辺自立 | 着替えや食事は一人でできる。集中して続けることが難しく、着替えの途中で立ち歩くこともあるが、声をかけると活動に戻ることができる。立ち歩いているときに、クラスの友だちが「ダメだよ」と注意をすると、物を投げることがある。 |
| 社会性行動 | 友だちが遊んでいる様子を眺めていることはあるが、一緒に遊ぶことはほとんどない。友だちがBくんの好むブロックを使っていると、友だちを叩いてブロックを取ることが多い。<br>語彙や言葉の理解は年齢相応であるため、会話はできる。興奮しているときには、自分の気持ちを言葉にすることが困難であるが、落ち着いてから話をすると叩くことはいけないこと、我慢することも必要なことを理解している。座って保育者の説明を聞く場面では、砂や指をいじってうつむくことが多い。製作の説明では、お手本を見せると注目することができる。 |
| その他エピソード | 好きなものを見つけると、それに意識が向かいすぎて周りが見えないことがある。自分のしたいことができないと保育者を叩くことがあるが、気持ちがおさまると何事もなかったようにかかわってくる。 |

## ❈ 事例理解のポイント

### 発達上の課題

【現状・表れている行動】　　　　　　　　　　【行動の背景】

| | |
|---|---|
| ・遊びを止めて食事をすることが求められたとき、お店でおもちゃを買ってほしいときに感情のコントロールが難しい<br>・落ち着くと叩くことはいけないこと、我慢することも必要なことを理解している | ※自己コントロールの困難<br>　自分の欲求や感情を抑える能力が同年齢の集団から著しく遅れていること。周囲の状況に合わせたり、自分の欲求と他者の欲求を合わせる場面では課題になることがある |

第 1 章22ページ　「注意欠如・多動症」参照

### 環境との相互作用

【現状・表れている行動】　　　　　　　　　　【行動の背景】

| | |
|---|---|
| ・おかわりの回数を事前に約束すると守ることができた<br>・クラスの友だちが「ダメだよ」と注意をすると、物を投げることがある<br>・友だちがBくんの好むブロックを使っていると、友だちを叩いてブロックを取ることが多い | ・Bくんの自己コントロールを促す「きっかけ」として、具体的な望ましい行動を事前に確認することが必要である<br>・Bくんは、かんしゃくによって、嫌悪的な感情を発散し、おもちゃを手に入れているようだ |

第 2 章34ページ　「環境とのかかわり」参照

## ❧ まとめ

◆Bくんにとって、急に遊びを止めて次の活動に移動すること、使いたいおもちゃを我慢することは、ハードルの高い目標ではないか？

◆友だちを叩いてしまうのは、自己コントロールの「きっかけ」が整っていない上に、嫌悪的な感情を発散させる手段が少ないのではないか？

## 🍀 自己コントロールの困難さ

　自己コントロールは意志の強さや我慢強さなどが影響するわけではありません。自己コントロールの困難さの背景には、二つの脳の機能がかかわっているといわれています。一つ目は、行動を我慢したり、一定の時間に集中を保ち続けたりする機能です。この機能は、友だちがおもちゃを使っているときに、順番を待つことや保育者の説明を集中して聴き続けることと関係します。二つ目は、この行動をしたらどのような結果になるか、先を予想したり、少しの賞賛で行動を続ける機能です。友だちのおもちゃを取り上げてしまった後や道路に急に飛び出した後の結果を予想したり、保育者のうなずきや微笑みで製作に取り組み続けたりすることと関係します。衝動性が高い子どもは、この二つが十分に機能し難いと考えられています。

　自己コントロールは、身体能力のように少しずつ伸びていきます。伸びるポイントは、我慢した後に楽しいことがあることを期待し、別の遊びをすることです。我慢を求める際には、我慢をした後の楽しみを子どもに伝えましょう。

――― ◆知っておきたい！その他の特徴 ―――

　私たちが活動に集中するため、または、他者と協力するためには、自己コントロールは大切な力です。しかし、自分を犠牲にし続け、我慢し続けると、ストレスが蓄積します。適度に休憩をはさんだり、自分の要求を他者に伝えたり、他者の欲求と自分の欲求を調整するために交代を提案したりして、自分の欲求を満たすことも必要です。自己コントロールが困難な子どもの支援にあたっては、保育活動全体において、子どもの欲求が満たされている場面がどれほど用意されているか見直しましょう。

## 🍀 支援のポイント

【支援の方向性】

・友だちのおもちゃを取ってしまったことや叩いてしまったことを感情的に大きな声で叱らないようにする

▶

【具体的に取り組みたいこと】

・感情が高ぶっているときは、カームダウン*を促す
・徐々に自己コントロールをする行動を教える

　自分の欲求を抑えて周囲の状況に合わせて行動することが求められると、抑えきれない感情が他者を叩く行動として表れることがあります。子どもの感情が高ぶっているときに、一緒に行動を振り返ることは難しいものです。まずは、音や物の少ない環境で気持ちをカームダウンしてから、どのような行動をすればよかったのかを一緒に考えましょう。その際、「〜をしたかったのね」と、子どもの欲求を理解していることを伝えましょう。そのうえで、周囲の状況や子どもに求められている行動を教え、次はどうしたらよいのか、具体的な行動を一緒に考え、実演してみましょう。

◆長期的に取り組んでいきたいこと

　自分の欲求が通らない状況において、他者を叩くのではなく、別の手段で気持ちを鎮める方法を教えましょう。五つ数えたり、深呼吸をしたり、拳を握ったりすることが一例です。子どもが落ち着いているときに練習すると、身に付きやすいでしょう。

*カームダウン…「落ち着く」「静まる」という意味です。カームダウンの場所は、人の出入りが少ない場所がよいでしょう。廊下に間仕切りを置いて、スペースを作る方法もあります。パニックになったときにだけ活用すると、その場所を嫌がってしまいます。日頃からその場所でリラックスする習慣を身につけておきましょう。

【支援の方向性】

・子どもの欲求が高まったときに「我慢しましょう」と伝えるだけでは、支援として十分とは言えない

【具体的に取り組みたいこと】

・望ましい行動を思い出せる「きっかけ」を整える
・少しでも我慢しようとしているときは、大きく褒める

　自己コントロールのためには、環境を整える視点も必要です。おもちゃの数や種類を見直し、子どもの選択を促すための環境を充実させることで、自己コントロールをしやすくしましょう。また、活動の前に遊ぶときの約束を確認することもよいでしょう。約束はルールを思い出しやすくしたり、自分に言いきかせる力を高めます。約束のポイントは、「貸してと言いましょう」「相談しましょう」など、何をしたらよいのか望ましい行動を約束しましょう。クラス全員の子どもが約束を思い出せるように、対人関係で自己コントロールが必要な場面を三つほど選び、イラスト付きで保育室内に掲示することもよいでしょう。そして、子どもが約束を守ろうとした姿を大げさに褒めましょう。おもちゃが欲しいときに、拳を握る姿、別のおもちゃを見ようと顔をそむける姿に注目し、素早く笑顔で褒めましょう。

◆長期的に取り組んでいきたいこと

　自己コントロールが必要な子どもは、他の子どもから注意や叱責を受けることが多くなってしまいがちです。他の子どもも含めて、どんな言葉で教え合うと気持ちがよいか確認し、あたたかい雰囲気を保ち続けましょう。

# 個別の保育・指導計画

| 対象児 | Bくん（4歳・男児） | 支援目標 | ・自分の要求を言葉で相手に伝えることができる。<br>・気持ちを切り換えて、次の活動に参加することができる。 |
|---|---|---|---|
| 診断 | 3歳児健診で指摘あり | | （見直しの際、修正した目標・追加したい目標を記入） |

| 児童の実態好み・強みなど | ・肉類が好きで、おかわりができないと怒って、外に出ていくことがある。<br>・おかわりの回数を事前に伝えることで我慢することができた。<br>・友だちがBくんの好むおもちゃを使っていると、衝動的に叩いて取ることがある。<br>・友だちを叩くことについては、いけないことであると理解している。<br>・製作では、お手本を見せると注目することができる。 |
|---|---|
| | （見直しの際、修正した目標・追加したい目標を記入） |

| 場面・状況 | 具体的な手立て・支援 | 評価 |
|---|---|---|
| 自由遊び | ・言葉で伝えることを思い出せるよう、保育室の壁面に「貸してと言おう」や「交代で使おう」などイラスト付きで掲示する。<br>・おもちゃの数と種類を見直し、他の遊びで順番を待てるようにする。<br>・順番を待てるよう、最初は順番を待つときに保育者が別の遊びに誘う。<br>・順番を待とうとする姿が見られたら、「お兄さんだね」と賞賛したり、「順番になったら、とても早い特急電車を作ろうね」と待った結果を期待できるようにする。<br>・友だちのおもちゃを取ったり、叩いた場合、主任に伝え、事務室で気持ちを落ち着かせてから、どのようにしたらよかったか振り返る。 | |
| 給食 | ・食事に満足することができるよう、事前におかわりの回数を伝える。 | |
| | （見直しの際、修正した目標・追加したい目標を記入） | |

- 「我慢すること」のみが目的にならないようにしましょう

- 子どもの成長につながった指導も記述しましょう

- 何ができるようになることを目指すのかわかるように記述しましょう
- 望ましい行動のきっかけを整えましょう
- 望ましい行動が生じた後の指導も記しましょう
- 誰が、何をするのか、役割分担を明確にしましょう

その調子

5 事例について考えよう――カンファレンス＆個別の保育・指導計画作成のための実践ワーク

83

# 5歳　男児
# 製作が苦手なCくん

　集中して活動に取り組めないCくん。特に製作の時間になると、作業をせず、すぐに席を立ってしまい、独り言を言ったり一人で踊ったりと、自分の世界に入ってしまいます。保育者が注意をして何度も席に戻しますが、長続きせず、すぐに別のことを始めてしまいます。一生懸命作業している友だちから迷惑がられてしまうこともありますが、Cくんは意に介していないようです。

　いつも同じことで注意されても、一向に行動が改まることはありません。この日も、紙コップのおもちゃを製作していましたが、絵を描く工程ではぐしゃぐしゃな円を描き、切って貼る工程でも端っこを少し切ってやめてしまいました。Cくんが製作活動に参加しない場合、どのような対応をすればよいでしょうか？　参加できるための工夫があれば教えてください。

## Cくんの事例検討資料

| | |
|---|---|
| 診断 | 生後10ヵ月の乳幼児健診のときに「座位が安定しない」「つかまり立ちができない」など低緊張の問題を指摘され、小児専門病院を受診。原疾患*はないとのことで診断は出ていないが、親戚からも「発達が遅い」と言われ、保護者は気にしている。 |
| 保護者のねがい | 出かけるときに玄関先で独り芝居を始めたり、食事中にぼーっとしたりして、一人の世界に入ってしまうことがある。日常動作がスムースにいかないので、自分で取り組めるようになってほしい。 |
| 健康状態 | 明るくて健康的であるが、疲れやすいのか、座位姿勢になると机にもたれかかっていることが多い。 |
| 身辺自立 | おおむね一人でできるが、靴ひもが結べない、小さなボタンがつけられないなどの細かな点でできない日常動作がある。そのような苦手な作業はやりたがらず、着替えはいつも遅い。 |
| 社会性行動 | 明るくて人懐っこいが、周りの状況を読めず、会話も一方的である。絵本の読み聞かせのときも、読み手の保育者に一人話しかけ続け、「周りの子どもがお話を聞けなくなる」ということに気づけなかった。 |
| その他エピソード | 多弁で人にしゃべり続けるときもあれば、自分の世界に入り、一人遊びのようなことをすることもある。興奮しているときには、言葉がけが入らないこともある。 |

＊原疾患…発病や症状の原因が特定の器官の障害であるとはっきりした病気のこと。

## ❁ 事例理解のポイント

### 発達上の課題

【現状・表われている行動】 【行動の背景】

| ・靴ひもが結べない、小さなボタンがつけられないなどの細かな点でできない日常動作がある<br>・出かけるときに玄関先で独り芝居を始めたり、食事中にぼーっとする | ▶ | ※微細運動の困難<br>　生来的、あるいは経験不足などにより指先や手首の動きがぎこちなく、不器用な様子があること<br>＊出かけるときは靴や衣服の着脱、食事中は箸やフォークの使用などにつまずいている可能性もある |

第1章24ページ　「発達性協調運動症」参照

### 環境との相互作用

【現状・表われている行動】 【行動の背景】

| ・製作の時間、独り言を言ったり一人で踊ったりと、自分の世界に入ってしまう<br>・保育者が注意をして何度も席に戻すが、長続きせず、すぐに別のことを始める | ▶ | ・苦手な作業中、独り言や一人遊びをすることで、苦手な活動から一時離れることができる<br>・想像遊びをすることで、不快な状況から解放されイライラを発散させることができる |

第2章34ページ　「環境とのかかわり」参照

### 生活体験・生育歴

【現状・表われている行動】 【行動の背景】

| ・家庭の中でも、日常動作がスムースにいかないことが多い | ▶ | ・日常的に微細運動を伴う活動では失敗体験が多く、そのような活動に対する抵抗感が強いかもしれない |

第2章36ページ　「生活体験と生育歴」参照

## ♣ まとめ

◆Cくんにとって今の製作活動は、はさみやのりといった道具の使用など、微細運動を伴うものが多く、負担が高いのでは？

◆独り言を言ったり踊り出したりするのは、その行為を行なうことで、①苦手な活動から解放される上に、②活動中につのらせたイライラを発散させるために、行なわれているのではないか？

## ❄ 発達性協調運動症の子どもの運動上の課題

　運動はおおよそ以下の3種類に分類されます。発達性協調運動症は、これらの運動が同年代の子どもに比べてぎこちなく、日常動作をスムースに行なうことが困難である障がいです。

粗大運動：寝返りをうつ、歩く、走る、泳ぐなど、身体全体を大きく動かす、姿勢と移動に関する運動

微細運動：絵を描く、ボタンをとめる、箸を使うなど、指先の小さな筋肉を使って行なう細かい運動

協調運動：定規で線をひく、動くボールを目で追い拾うなど、手と手、手と目、足と手などの個別の動きを一緒に行なう運動

　注意欠如・多動症、限局性学習症、自閉スペクトラム症などの発達障がいとの併発が非常に多い障がいですが、単独で症状が現れることもあります。どの運動のタイプに難しさがあるかは、子どもによって様々です。Cくんも障がいの診断を受けるほどではないかもしれませんが、これらの運動に何らかの難しさがあるため、配慮が必要です。

―――――◆知っておきたい！その他の特徴―――――

　粗大運動の困難が見られる場合、身体を一定の姿勢を保つことが難しくなることがあります。この場合、「すぐに席を立ったり突っ伏したりする」「まっすぐ立てずふらふらしている」などの行動がみられ、大人からは一見すると「集中力がない」「飽きっぽい」という姿に映ります。このような行動は、同じ姿勢をとり続けることで、身体が疲労してしまうことによって生じるものです。いつも「いい姿勢」であることを求めるのではなく、活動の時間を区切って適宜休憩を入れていきましょう。また、「始まりの挨拶」など、短かい時間、集中していい姿勢をとることも、身体の姿勢を保つ力を向上するのによい練習となります。

## 🍀 支援のポイント

【支援の方向性】

- つまずいているところを一部補助したり、素材や道具を工夫して、作業をしやすくする
- 「うまくできない」という不安や心配に配慮し、自信をもたせるような言葉がけをする

▶

【具体的に取り組みたいこと】

- 切る工程、貼る工程などつまずいているところはどこなのかよく観察する
- 上から手をそえて、作業を助けたり、紙を支えて切り貼りしやすいようにする
- 取り組んでいる姿を褒めたり、作業途中に「いいよ」「大丈夫」と励ます

製作の中でも、どの工程につまずいているのか、よく観察して把握することが重要です。例えば丸い形を切れないなど、はさみの使用でつまずいているならば、保育者が紙を持つ手を支えたり、はさみを動かす際に手を添えたりして援助します。切りやすいように途中切り込みを入れたり、切りやすい素材で取り組んでみるなども効果的です。すべて保育者がやってあげるのではなく、Cくんが自分でできたことに達成感をもてるようにしましょう。

◆長期的に取り組んでいきたいこと

　日常生活や遊びの中で、補助具を使用したり遊具を工夫したりして、普段から指先の力を楽しんで養えるようにしましょう。本人の好きなことや関心のあることの中に、負担にならない程度に指先を使う作業を入れていくことが効果的です。

| 【支援の方向性】 | 【具体的に取り組みたいこと】 |
|---|---|
| ・製作の作業工程を細かく分け、一つ取り組むたびに褒める<br>・作業に取り組む時間を考慮し、適宜休憩を入れる | ・休憩時には、身体の緊張がほぐれるように、危険の範囲がない程度に自由な姿勢をとらせる |
|  |  |

　着座の姿勢をとり続け作業をするのは、運動面に困難さをもつ子どもにとって、とても疲れることです。「全部終わるまでずっと」ではなく、工程を短く分けて、「できそうだ」という見通しをもたせることが大切です。「短時間集中」から始めるチャレンジならば、「やってみよう」と思う気持ちが高まります。また、適宜休憩を入れて、身体の緊張をほぐしていくことも重要です。ストレッチをして身体を伸ばしたり、一度席を立ってジャンプをしたりなどの休憩は、緊張をほぐすのに効果的です。

◆長期的に取り組んでいきたいこと

　製作活動は、そもそも子どもの自己表現の場であり、表現しようとする子どもの気持ちを支えるための活動です。技能の向上も大切ですが、まずは子どもが「やってみたい」「挑戦してみたい」と思える気持ちが大切です。作業環境を整えることで、こうした製作意欲が高まることを願いましょう。

評価・修正あり

## 個別の保育・指導計画

| 対象児 | Cくん（5歳・男児） | 支援目標 | ・製作活動に関心をもち、意欲的に取り組めるようになる<br>・微細運動の力を高め、食事や着替えなどスムーズにできるようになる |
|---|---|---|---|
| 診断 | 乳児期に運動発達の遅さを指摘される | | ・微細運動の力を高め、食事や着替えなど楽しめるようになる |

修正

| 児童の実態<br>好み・強み<br>など | ・微細運動に弱さがあり、ひも結びやボタンかけなどを一人で行なうことが難しい。そのため、箸を使う食事など微細運動を伴う日常動作や、様々な道具を使用する製作などでは、ボーッとしたり一人遊びをはじめることがある<br>・作業時間が長いと、疲労してしまい、活動から逸脱してしまうことがある<br>・会話が一方的になりがちだが、素直で明るく、話をすることが好きである |
|---|---|

| 場面・状況 | 具体的な手立て・支援 | 評価 |
|---|---|---|
| 製作活動 | ・できあがりを楽しみにできるよう、完成品の見本を見せたり、作品のイメージを示したりして、製作意欲を高める | ○ |
| | ・はさみなど、細かな道具の使用があるものは、紙を持つ方の手を支えたり、紙に切り込みを入れて切りやすくするなどの工夫をする | △ |
| | ・作業工程を細かく分け、短期間で集中して取り組みやすいようにする | △ |
| | ・適宜休憩を入れ、休憩時は好きなおしゃべりが一定時間できるようにする | ○ |
| 給食 | ・補助箸を利用し、箸の使用に慣れながら、楽しく食事ができるようにする | × |
| | ・麺など、つかみにくい食材は、底の浅い皿を使うなどの工夫をする | △ |
| 身辺整理・その他 | ・ボタンや靴ひもなど、衣服の着脱にかかわる苦手な作業は、保育者がなるべく付き添い、励ましながら取り組ませる | △ |
| | ・好きな絵本のおままごとをして、遊びの中で様々な道具を使ってみる | ○ |
| 給食 | ・一度箸は中断しフォークの使用に切り替える。食べ物の味や形についておしゃべりをしながら食事し、食べることに楽しみを感じられるようにする | |

修正

90

「参加させること」「逸脱しないこと」が目的にならないようにしましょう

**支援の結果**

指先の活動への抵抗感が強く、まだ作業スピードや終わりの時間を意識することは難しい

保護者と実態を共有し、目標を修正していきましょう

特に困難な動きや活動をしっかり記述しておきましょう

指導的なかかわりに偏らないように、意欲を高めるための工夫を記述します

子どもの「意欲」の部分に着目して評価しましょう

**支援の結果**

箸への抵抗が強く、食事が苦痛になってしまう

自由遊びなど、本人の意欲的な活動が展開されやすい場面も利用していきましょう

効果がなかった手立ての原因を踏まえ、修正しましょう

## 4歳　女児
## 友だちとのやりとりが難しいDちゃん

　Dちゃんは、自由遊びのほとんどの時間、植物や動物の図鑑を一人で読んで過ごしています。友だちが遊びに誘うと、応答せずに独り言をブツブツと言い、時には泣いて嫌がります。とうとう、友だちがDちゃんを誘うことは少なくなりました。保育者が外遊びに誘っても、応答せず、いつも室内で過ごしています。保育者は、このまま友だちとかかわらず、一人遊びばかりでよいのか悩んでいます。

　また、読書に没頭していると、行動を切り換えることが難しく、「片づけ」や「準備」を促すと、泣きわめき、混乱してしまいます。好きなことを一人で行なっている分には静かに過ごしていますが、Dちゃんが片づけや準備など、一日の生活の流れに合わせて行動するには、どうしたらよいのでしょう……。

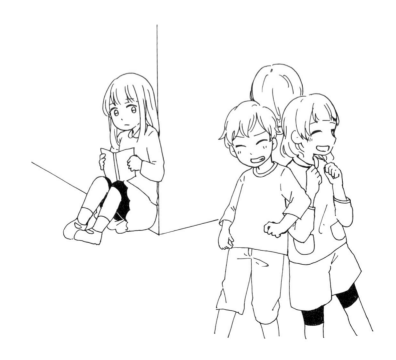

## Dちゃんの事例検討資料

| | |
|---|---|
| 診断 | 1歳6ヵ月児健診にて、視線の合いにくさ、コミュニケーションの取りにくさについて、保健師から指摘を受ける。その後、継続的な心理相談を受け、3歳で医療機関を受診した。自閉スペクトラム症の疑いと診断を受ける。 |
| 保護者のねがい | 家庭でも、Dちゃんが一人で図鑑を読んでいるときに、保護者が話しかけても応答しない。食事や外出のために遊びを終えるように伝えると、激しく拒否をする。友だちの誘いや先生の話しかけに、少しでも応じられるようになってほしい。 |
| 健康状態 | 健康状態は良好である。保護者によると、園で集団活動に参加することが求められると、寝つきが悪く、寝ているときに突然、泣きわめくことがある。 |
| 身辺自立 | 身の回りのことはできるが、保育者が着替えを手伝おうとすると嫌がる。カバンや園服、クレヨンやのりなどDちゃんの物に友だちが触れると怒ったり泣いたりすることがある。 |
| 社会性行動 | 文字(一部漢字も)が読め、小学校低学年向けの絵本をすらすらと音読することができる。人形を動かして、お店屋さんのごっこ遊びをしている。一方で、友だちとの挨拶や物の貸し借り、昨日の出来事の会話などコミュニケーションのための言葉を言うことはない。保育者が一対一で話すと目を合わせず、うつむいている。一人遊びの最中も、友だちや保育者を見ることは少ない。自分のしてほしくないことがあったときに「イヤ!」と拒否することはある。こだわりが強く、自分の所持品の位置が変わる、好きな人形を他の子が使うなどの状況では大きなパニックになる。 |
| その他エピソード | お店や動物が好きで、絵本や図鑑、人形などを常に持ち歩いている。×印や赤色のものが嫌いで、それを見ると目をつぶり、うずくまってしまう。 |

## ❀ 事例理解のポイント

### 発達上の課題

| 【現状・表れている行動】 | 【行動の背景】 |
|---|---|
| ・保育者が一対一で話すと目を合わせず、うつむいている<br>・こだわりが強く、自分の物の位置が変わる、好きな人形を他の子が使うなどの状況では大きなパニックになる | ※共感する難しさ<br>　共感とは、他者の視線や表情から気持ちを感じとること<br>※見通しのもちにくさ<br>　こだわりが強い場合、先の予定をイメージしにくく、行動を切り換えることに難しいことがある |

第1章20ページ　「自閉スペクトラム症」参照

### 環境との相互作用

| 【現状・表れている行動】 | 【行動の背景】 |
|---|---|
| ・自分のしてほしくないことがあったときに「イヤ!」と拒否することはある<br>・泣きわめき、パニックを起こす | ・「イヤ」と発言することによって、他者のかかわりを拒否し、自分のイメージした遊びに没頭できる<br>・パニックにより、状況を回避し、活動に没頭できる |

第2章34ページ　「環境とのかかわり」参照

## ♣ まとめ

◆本人のイメージとは異なるタイミングで他者のかかわりが続いたため、他者からの働きかけに嫌悪的になっているのではないか。

◆先の見通しをもつことが難しいため、次の活動を直前に伝えるだけでは、切り換えることが難しいのではないか。

## ❀ 他者の感情をともに感じる力

　私たちが他者の感情をともに感じることができるのは、他者の視線や表情を見て、同じ感情が生じるためです。自閉スペクトラム症のある子どもの場合、生まれつき、他者の視線や表情へ注目することに難しさがあります。この場合、やってしまいがちなのは、子どもを叱責するときに「顔を見なさい」という指導です。これでは、ますます表情を見なくなってしまいます。他者の視線や表情に注目するためにも、子どもが思わず笑顔になるように働きかけ、喜びや楽しい表情を向かい合って共有したいものです。

　表情の中でも視線は、相手の心を推し量ることに重要な役割を果たしています。相手の視線の先にあるものに注目し、現在の状況と結びつけると、相手の心に映っている事物を想像できます。皆さんの目の前にいる子どもは何に目を向けていますか？

◆知っておきたい！その他の特徴

　相手の感情をともに感じることができると、一緒に遊ぶことに安心を感じます。ただし、友だちと一緒に遊ぶためには、相手の感情を理解できるだけでは不十分です。友だちとかかわるための行動を具体的に教えましょう。遊びに入るときの声のかけ方、おもちゃを貸してほしいときの要求の仕方、順番の交代、会話を続ける質問方法など、具体的な行動について見本を示し、実際に練習をして教えましょう。

## 🍀 支援のポイント

【支援の方向性】　　　　　　　　【具体的に取り組みたいこと】

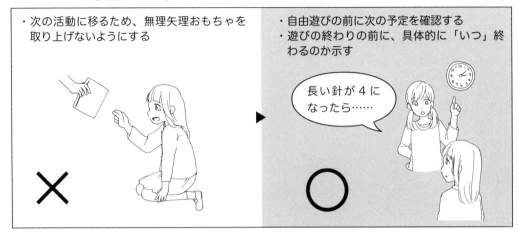

　自閉スペクトラム症の子どもは、先の予定について見通しをもちにくい特性があります。そのため、直前に次の活動が伝えられると、こだわりの強さも影響して、なかなか次の活動に気持ちを切り替えることが難しい場合があります。

　そこで、自由遊びの前に次の予定を確認するとよいでしょう。「長い針が4になったら」など、時間の目安を事前に伝えると、子どもは遊びの計画を立てることができます。視覚的理解の強さを生かして、スケジュールボードのような支援グッズを活用すると、より見通しをもちやすいでしょう。また、遊びの終わりの前には、「あと3回やったら戻ろう」と、具体的に終わりの目安を伝えましょう。その際、遊びの内容にそった目安を提案すると、子どもは自ら活動を切り替えやすくなるでしょう。例えば、車で遊んでいるときに整備工場へ戻すように促すことは、この一例です。

◆長期的に取り組んでいきたいこと

　1日の予定にそって行動することは、成長とともに、ますます必要になります。子どもが自ら予定を確認し、予定にそって活動できるように、一緒にスケジュールボードに活動カードを貼り、計画力を育てることが大切です。

| 【支援の方向性】 | 【具体的に取り組みたいこと】 |
|---|---|
| ・本人の遊びを無理矢理制止し、友だちとの遊びに参加させようとしないようにする | ・子どもの興味関心の高い活動を生かして他者との遊びへ拡げる<br>・他者と感情を共有するスキルを計画的に教える |
|  |  |

　友だちの遊びに注目することが見られない場合、子どもの好きな活動を通して、他者への関心を高めることから始めましょう。まずは、保育者が遊びに入り、友だちと物を介してかかわることに拡げましょう。そのためには、子どもの遊びをよく観察することです。一口に八百屋さんになりきっている子どもと言っても、お客さんとのやりとりを一人で再現している子、色々な野菜の名前を言うことに関心がある子、野菜を陳列することが好きな子など、子どもの興味は様々です。その子の興味を見極めて、遊びに入りましょう。そして、おもちゃを渡す際には、人を意識できるように保育者の顔の高さまでおもちゃを上げて、アイコンタクトができるようにしましょう。

◆長期的に取り組んでいきたいこと

　他者と感情を共有するためには、視線や表情に注目し、「楽しい」「嬉しい」「悲しい」などと意味づけることが必要です。「先生の目を見て」と指示的に教えるのではなく、思わず表情に注目できるようにかかわりましょう。

## 個別の保育・指導計画

| 対象児 | Dちゃん<br>（4歳・女児） | 支援目標 | ・本児が好むお店屋さんごっこを通して、保育者や友だちと物の受け渡しや簡単な言葉のやりとりを楽しむ。<br>・先の予定を見て、遊びを切り替えて、次の活動に参加できる。 |
| --- | --- | --- | --- |
| 診断 | 自閉スペクトラム症の疑い | | （見直しの際、修正した目標・追加したい目標を記入） |

| 児童の実態<br>好み・強みなど | ・文字や一部の漢字を読むことができ、小学校低学年向けの絵本を音読できる。<br>・人形を使って、お店屋さんごっこをすることが好きであり、一人で黙々と再現している。<br>・友だちとの挨拶や物の貸し借りなどのコミュニケーションを自ら行なう姿は見られない。<br>・カバンや園服、製作道具など自分の所持品に触れられることを嫌う。<br>・こだわりが強く、所持品の位置が変わると泣き叫び、おもちゃを投げることがある。 |
| --- | --- |
| | （見直しの際、修正した目標・追加したい目標を記入） |

| 場面・状況 | 具体的な手立て・支援 | 評価 |
| --- | --- | --- |
| 自由遊び | ・保護者から最近行った飲食店を聞き、お店屋さんごっこを設定する<br>・お店屋さんごっこにおいて、まずは保育者が仕入れ業者役になり、Dちゃんから物品の要求が出やすい環境に整える<br>・Dちゃんが保育者の持っている物品を見ている様子があれば、「〜ください」と書かれた台詞カードを見せて、言葉での要求を促す<br>・言葉での要求をカード無しで言えるようになったら、保育者はDちゃんの持っているおもちゃとの交換を提案し、物品を交換する<br>・物品を交換できるようになったら、友だちとの物品の交換を試みる | |
| 朝の会<br>自由遊び | ・Dちゃんが一日の流れを理解できるように、活動の予定表を示す<br>・遊びの終わりの前に、もうすぐ保育室に戻ることを事前に予告する | |
| | （見直しの際、修正した目標・追加したい目標を記入） | |

- どのようなかかわりをねらいにするのか具体的に記しましょう

- 支援に生かせる本児の強みを記しましょう
- 支援の糸口となる場面をみつけましょう

- 誰が何をするのか、役割を明確にしましょう
- 本児の強みを生かした支援を計画しましょう
- 目標を達成するために、段階的に手立てを計画しましょう

# 4歳　男児
# 集団活動や行事に参加できないEくん

　いつも落ち着きのないEくん。お散歩のときに急に走り出したり皆と違う方向に駆け出したりと、目が離せない状態です。今は運動会の練習をしており、Eくんはクラスで固まって同じ場所にいることはできるようになりましたが、ウロウロしたりよそ見をして保育者の指示を聞いていません。クラス対抗で行なうリレーも、途中でコースを外れたり、練習中どこかへ行ってしまったりと、最後まで参加できません。周囲の子どもたちもEくんを呼びに行ったりしてサポートをしてくれていますが、「いけないんだよ！」と怒る子もいます。Eくんには、運動会に向けてどこまで頑張ってもらえばよいでしょうか？　せめてリレーの練習だけでも参加することができたらよいのですが、どのように保育者がサポートしたらよいでしょうか？

## Eくんの事例検討資料

| | |
|---|---|
| 診断 | 2歳頃から多動が顕著になり、保護者が対応に苦慮しているとき、インターネットで発達障がいのことを知り、3歳で小児精神科を受診した。その時「注意欠如・多動症（ADHD）」の診断を受ける。現在は月1回この医療機関を受診し、週1回地域の発達支援センターに通っている。 |
| 保護者のねがい | できれば、みんなと一緒の活動に参加してほしいと思う。運動会や発表会など、全部参加させることは難しいと思うが、せめて一つの活動だけでも参加できたら……とねがっている。 |
| 健康状態 | 健康状態は良好で特に問題なし。食べ物の好き嫌いも少ない。ぶつかったり転んだりとケガが多い。 |
| 身辺自立 | 側にいて一つひとつ指示をすれば着替えや片づけなどを自分で行なうことができる。しかし大人が側にいないと着替えも食事もすべて終わらないうちにその場から離れてしまうことが多い。道具箱やカバンを入れる棚などが常に散らかっている。 |
| 社会性行動 | 保育者や友だちのことは好きで、よく側に寄り話しかけたり遊びに加わったりしている。好きなパズルや粘土などは比較的持続して活動できるが、外遊びのときには特に、遊びを転々としていることが多い。鬼ごっこなどでは途中でどこかに行ってしまう。 |
| その他エピソード | 友だちに乱暴したりはせず、比較的おだやかな性格である。しかし、ゲームのルールを理解していなかったり、友だちとの遊びを途中で投げ出してしまうので、友だちがEくんに怒ることがある。 |

## ❧ 事例理解のポイント

### 発達上の課題

| 【現状・表われている行動】 | 【行動の背景】 |
|---|---|
| ・クラス対抗リレーで、途中でコースを外れたり、練習中どこかへ行ってしまったりする<br>・着替えも食事もすべて終わらないうちにその場から離れてしまう<br>・外遊びのときには遊びを転々としていることが多い | ＊不注意<br>　さまざまな刺激に注意が向かい、一つのことに一定時間集中することが難しい状態。これらの傾向が継続し、日常生活上、明らかな支障がでているもの |

第 1 章22ページ　「注意欠如・多動症」参照

### 環境との相互作用

| 【現状・表われている行動】 | 【行動の背景】 |
|---|---|
| ・取り組むべき活動の場所から外れて、一人でどこかに行ってしまう | ・気になるもの、関心のあるものに触れることができる<br>・全員で動きを合わせる活動に取り組まなくて済む |

第 2 章34ページ　「環境とのかかわり」参照

## ♣ まとめ

◆野外での活動は刺激が多く、Eくんが一つのことに集中しにくい環境・状況ではないか？

◆全員で同じ動きをし、長い時間同じリズムで活動することは、Eくんにとって苦痛ではないか？

## ❦ 注意欠如・多動症の子どもの「不注意」

　注意欠如・多動症（ADHD）の主症状の一つである「不注意」とは、様々な刺激に気が向きすぎて、一つのことに集中するのが難しい状態のことです。**外側から入ってくる情報を整理したり、必要な情報を選択して記憶する脳の「前頭前野」の機能不全によるもの**だといわれています。よって、教示を聞き逃す、整理整頓ができない、物忘れが激しいなど、情報の受け取りや自己管理において様々な課題が生じます。

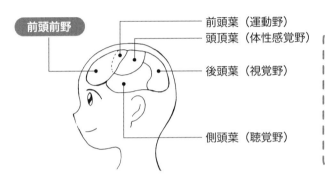

　「不注意」の症状は、発達障がいをもつお子さんの中でも比較的女子にも見られると言われています。脳の情報処理の難しさから生じる症状ですが、「だらしない」と誤解されやすく、本人が「困っている」ということが理解されにくい症状の一つです。

---◆知っておきたい！その他の特徴---

　「不注意」の問題は、脳のもつ記憶の機能である「ワーキングメモリ」が関係しています。「ワーキングメモリ」とは、記憶や情報を一時的に脳にメモし、何らかの操作を行なうための記憶のことです。会話や読み書き、計算などの基礎となる、私たちの日常生活や学習を支える重要な能力です。この力がうまく働かないと、忘れ物・なくし物が多い、大切な指示を聞き逃す、しようと考えていたことを途中で忘れてしまうなどのエラーが生じやすくなります。

　注意をしっかりひきつけてから伝える、大事なことは紙や黒板に書いて目で見えるようにするなど、記憶する負担を減らす支援が必要です。

## 🍀 支援のポイント

【支援の方向性】　　　　　　　　　【具体的に取り組みたいこと】

・注意を向けるべきものを明確にし、強調して示す
・余計な刺激をなるべく少なくする

・リレーの練習では、視覚的にわかりやすく立ち位置や進む場所を示す
・大事なことを伝えるときは、しっかり注意をひきつけるか、可能ならば周囲の刺激が少ない場所で伝える

▶

　行事や課外活動など、たくさんの人、装飾、動くものがある場面では、何に注意を向けたらよいかわからなくなってしまいます。まだ慣れていない活動で不安になったり、逆に楽しみで気持ちが高揚してしまった場合は、さらに注意力が散漫になってしまいます。

　リレーなど、一斉にたくさんの人が動くような活動では、走る場所ラインをつけたり、バトンを渡す人やゴールの場所を目立つようにするなどの工夫があるとよいでしょう。場合によっては、一緒のチームになる子どもたちとよく話し合い、走る順番の調整も必要かもしれません。また、教示を聞き逃さないためには、「今から大事なことを言うよ」と強調したり、身体に触れたりして、注意をひきつける工夫も必要です。

◆長期的に取り組んでいきたいこと

　活動への集中力を少しずつ高めていくために、今比較的集中できていることから一定時間集中を促し、活動に続けて取り組む時間を少しずつ長くしていきましょう。特定の活動でなくとも、毎朝行なう一斉の挨拶、礼など、1分程度で行なう動作をしっかりできるようにすることも大切です。短い教示や合図に反応できるようになることも重要です。

| 【支援の方向性】 | 【具体的に取り組みたいこと】 |
|---|---|
| ・行事の参加については保護者と相談し、部分的な参加を促すなど、本人なりに満足感が得られる参加方法を検討する<br>・皆と同じリズムをそろえることを強要せず、本人なりの参加の仕方を許容する | ・運動会ではリレーだけに種目をしぼり、バトンを次の人に渡すことだけに集中できるように練習する<br>・行進やダンスなどでは、その場にいられたり、同じ場所に行けたら褒める |
|  |  |

　Eくんにとっては、行事などで長い時間集中することはまだ難しく、ハードルの高い目標かもしれません。保護者とよく協議して、行事の「すべて」ではなく、集中して取り組む場面や活動を限定することも検討しましょう。「皆と同じ活動をすべき」ではなく、Eくんにとって行事が楽しくなること、「参加できた」という達成感をもつことを大事にしましょう。

　また、注意欠如・多動症のお子さんは、自分の心拍のリズムよりも遅い動きをすることが苦手であると言われています（スピード調節の困難）。よって、行進やリズム遊びなど、一定のテンポに体の動きを合わせる活動を強要することは、Eくんにとって負担が高いことも考慮しましょう。

◆長期的に取り組んでいきたいこと

　行事の参加がうまくいかない子どもの場合、まずは「友だちと一緒に活動することの楽しさ」を感じられることが重要です。「参加できること」よりも、その子どもにとって「参加したい」と思えるよう、参加できた一部の活動で成功体験や周囲の承認が得られることが重要です。

評価・修正あり

## 個別の保育・指導計画

| 対象児 | Eくん（4歳・男児） | 支援目標 | ・行事や集団活動の一部に参加し、達成経験や成功経験を積む<br>・~~一つの遊びや活動に関心をもち少しずつ集中して取り組めるようになる~~　　修正<br>・好きな友だちと一緒に遊ぶことを楽しみ、やりとりが続くようにする |
|---|---|---|---|
| 診断 | 注意欠如・多動症 | | |

| 児童の実態<br>好み・強み<br>など | ・一斉活動をするときやたくさん刺激があるところでは、注意が散漫になり、一つのことに集中することが難しい<br>・一斉教示を聞き逃してしまうことが多く、指示の内容が理解できていないことがある<br>・パズルや粘土が好きで、完成まで取り組むことができるが、外遊びでは遊びを転々としてしまう<br>・保育者や友だちのことは好きで、遊びに加わろうとする行動が見られる<br>・同じクラスのAくんに関心をもち、Aくんの好きな車や鉄棒遊びを模倣するようになった |
|---|---|

| 場面・状況 | 具体的な手立て・支援 | 評価 | |
|---|---|---|---|
| 行事<br>（2学期<br>・運動会） | ・リレーの練習では、視覚的にわかりやすく立ち位置や進む場所を示す | ○ | |
| | ・達成するまでになるべく複数の手順が生じないよう、走る順番や座る位置などを工夫する | ○ | |
| | ・行進やリズム遊びなど、一定のリズムに合わせなければならない活動では、同じテンポを強要せず、一緒にその場にいられただけでも褒める | ○ | |
| 自由遊び | ・外遊びのときには、本人が選択した遊びを一定時間継続できるよう、取り組んでいるときに保育者が「上手」と言葉をかけ、続けたくなるようにする | × | 修正 |
| 朝の会／一斉教示中 | ・朝の一斉の挨拶のとき、保育者の合図に応じて短時間、「起立」の姿勢を保てるよう、毎日繰り返し言葉をかける | △ | |
| | ・一斉教示の際、聞いて欲しいことを伝えるときは、「大事なことを言うよ」としっかり惹きつけてから、なるべく簡潔に教示を行なう | △ | |
| 自由遊び | ・Aくんが行なっている遊びの近くに誘い、「Aくんは〇〇のようにしてるね」と言葉をかけながら、その遊びに対する関心が高まるようにする | | |
| | ・Aくんと一緒の動きややりとりを楽しめるよう、保育者が仲介する | | |

「参加させること」だけが目的にならないようにしましょう

子どもの実態について重要な発見があった場合、支援目標に反映させましょう

比較的集中が続く活動、続けられる時間など記入しておきましょう。

集団参加が話題になる子どもの場合、他者や活動に関心があるかどうか、確認しておきましょう

行事参加の場合、どの場面に支援のポイントを置くかをよく検討しましょう

年齢が高い子どもの場合、クラスの子どもたちからの承認が得られるようにしましょう

**支援の結果**

一人で遊ぶものは、言葉をかけてもなかなか続かなかったが、同じクラスのＡくんが行なっている鉄棒遊びは、続けて模倣することがあった

対象児の新たな関心や興味をふまえ、友だちとのやりとりを意識した手立てを再検討してみましょう

# 4歳　男児
# 勝敗にこだわるFくん

　Fくんは、勝つことや1番になることに執着します。給食前の着席やシール帳を提出する場面で、自分が1番になることにこだわり、周囲の子どもを押しのけることがあります。近頃は、1番でないと怒ることは少なくなりましたが、まだ順番を気にする発言があります。

　明確に勝敗が決まるゲームでは、負けると悔しい気持ちを抑えきれず、怒りを露わにします。最近あった出来事は、椅子取りゲームのときでした。ゲームが始まり間もなくして、Fくんが椅子に座れず負けてしまいました。すると、その場で大泣きし、座っている子どもの椅子を蹴ったり、叩いたりしても気持ちがおさまりませんでした。ゲームが中断してしまい、クラスの子どもたちも動揺している様子でした。Fくんがゲームで負けても気持ちを切り替えるためには、どのように対応したらよいでしょうか？

## Fくんの事例検討資料

| | |
|---|---|
| 診断 | これまでに乳幼児健診で指摘を受けたことはないが、保護者は児童家庭支援センターに相談し、医療機関の受診を勧められている。 |
| 保護者のねがい | 自分の考えやこだわりが優先してしまい、人と協調することを苦手とする。家庭でも順番にこだわり、車や家、お風呂に入る順番を決め、それが叶わないと物を投げて怒る。保護者は、Fくんが集団生活を楽しむために、こだわりが柔らいでほしいとねがっている。 |
| 健康状態 | 健康上、大きな問題はなく壮健である。1番になれなかったときや負けたとき、激しく怒った後に具合が悪くなることがある。一度、具合が悪くなると気持ちを切り換えることに時間を要する。 |
| 身辺自立 | 基本的に自分でできる力はあるが、座る順番にこだわったり、その他、別のことに気が向いたりすると、着替えや片づけなどが粗雑になる。片づけや着替えの順序も本人なりのやり方が決まっている。 |
| 社会性行動 | 友だちとかかわることは好きであるが、一方的になりがちである。息を吹きかけたり、追いかけ回したり、相手が望まないかかわりをする。勝ち負けにこだわるあまり、ルールを勝手に変え、ズルをして勝とうとすることがある。そのため、友だちとトラブルになることがある。 |
| その他エピソード | ズルをすることは悪いことであると理解しているが、勝つことに対する執着が強すぎて、ついやってしまうようである。また、先のことを予測したり、想像したりすることが苦手なようである。先日、パネルシアターのときに、「これからどうなるのかな?」と質問したところ、「見てないからわからない」と答えていた。 |

## ❀ 事例理解のポイント

### 発達上の課題

| 【現状・表れている行動】 | 【行動の背景】 |
|---|---|
| ・先のことを予測したり、想像したりすることが苦手なようである<br>・片づけや着替えの順序も本人なりのやり方が決まっている | ※想像力の困難さ<br>　負けた状況を想像することが難しい可能性がある<br>※情動の調整<br>　負けたときの悔しい気持ちを柔軟に切り換えることが難しい |

第 1 章20ページ　「自閉スペクトラム症」参照

### 環境との相互作用

| 【現状・表れている行動】 | 【行動の背景】 |
|---|---|
| ・友だちとかかわることは好きであるが、一方的になりがちである<br>・ルールを勝手に変え、ズルをして勝とうとすることがある。そのため、友だちから反感をかうことがある | ・友だちとのかかわりがパターン化し、相手が望まない手段で注目をひく相互作用が連続している。このことが、より一層、相手にゆずることよりも自分が優位に立つ行動を強めている |

第 2 章34ページ　「環境とのかかわり」参照

## ♣ まとめ

◆Fくんは、勝ったときの状況しか想像できず、負けたときの対処方法を身につけていないのではないか？

◆友だちから認められる経験が少ないため、ゲームで1番になることによって友だちから賞賛されようと必死なのではないか？

## ❀ 想像力と行動調整

　私たちは、ある行動を振る舞うとき、様々な結果を想像しています。「この遊びは、楽しそう」「友だちよりも早く走るぞ」「上手くできるかな」など、起こりうる様々な結果を想像します。このような想像力は、柔軟に物事を考える力と関係しています。例えば、ゲームに負けた場合、「次、頑張ろう」「負けたけれど、楽しかった」など、悔しい気持ちをおさえ、次の機会への準備に行動を切り換えることができます。

　順位や勝ち負けへのこだわりがある場合、「負けるときもある」という考えよりも「勝たなければいけない」という考えに固執してしまう場合があります。そのため、負けた場面において、行動を切り換えることが難しく、本人もどうしたらよいか困っているのです。

　ゲームに負けた場面において、行動を切り換えるためには、事前に心構えをつくることが必要です。ゲームには負けることもあり、負けた後はどのように振る舞うべきか確認しておくと、スムーズに切り換えることができることもあります。

── ◆知っておきたい！その他の特徴 ──

　競争で負けたとき、悔しがることは自然な感情です。悔しい気持ちから、次に勝つためにはどのようにしたらよいか考え、努力をするのです。そのため、周囲に合わせるために、悔しい気持ちを抑えつけることを教える必要はありません。「次は勝つぞ」という決意や「もっと練習しよう」という努力に変えるには、悔しい気持ちを保育者や友だちに話す過程が大切です。一人で悶々（もんもん）と悔しい気持ちを抱えるよりも、言葉に表し、気持ちを共有することが必要です。

# ✤ 支援のポイント

| 【支援の方向性】 | 【具体的に取り組みたいこと】 |
|---|---|
| ・負けを認めるよう促す指導は、負けて悔しい気持ちから切り替えることを一層、難しくします | ・負けた際の気持ちを言葉に表すために、「頑張ったね」「悔しかったね」と気持ちを代弁しましょう |

我慢しなきゃだめでしょ

がんばったね

　子どもたちの中には、気持ちを言葉で表すことが苦手な子どももいます。負けたときの悔しさを言葉で表すことが苦手なために、泣き叫んだり、物を投げたり、叩いたりして、行動で表しているのです。悔しい気持ちを保育者や友だちと共有できていない中で、負けを認めるよう伝えても、消化できていない気持ちを一層、強めてしまいます。

　まずは、負けたときの気持ちを汲み取り、「悔しかったね」「勝とうと楽しみにしていたのにね」と、気持ちを言葉に表してあげましょう。気持ちを理解してくれる相手がいると、子どもは悔しい気持ちや負けたときの不安な気持ちから安心感に切り替えることができます。

---

### ◆長期的に取り組んでいきたいこと

　負けた状況でも、気持ちを切り換えて、次の活動に参加することも必要になります。すぐに切り換えることは難しいとしても、ゲームを始める前に、Ｆくんと負けたときの対応を事前に確認しておきましょう。

　勝敗にこだわりがある子どもの場合、勝ったか負けたか、1番か否か、という極端な評価をしがちです。極端な評価に加えて、「1番」という魅力的なキーワードが、こだわりを一層、強めます。「1番」は、何もゲームに限ったことではありません。クラスのすべての子どもに「1番」輝く姿があるはずです。

　日頃の保育の中で、「1番」というキーワードを積極的に用いましょう。ゲームだけではなく、「○くんは、1番いい姿勢だね」「1番、楽しそう」「1番、頑張ってたね」など、勝ち負けの結果だけではなく、活動に取り組む姿勢や過程において、「1番」を見つけるのです。そのうち、「僕も1番だよ」「私も1番」と、子どもたちが自分のことを「1番」と評価するようになります。結局、皆が「1番」なのです。

◆長期的に取り組んでいきたいこと

　配慮を要する子どもの場合、友だちから「すごい」と言われる機会が少なくなってしまうことがあります。子どもは「すごい」と言われるために、勝ちにこだわります。ゲーム以外で、友だちから尊敬される場面、感謝される場面を設定しましょう。そのためには、子どもの可能性を見つめる眼差しが欠かせません。

# 個別の保育・指導計画

| 対象児 | Fくん（4歳・男児） | 支援目標 | ・勝敗のあるゲームで負けたときに、保育者へ悔しい気持ちを言葉で伝えることができる |
|---|---|---|---|
| 診断 | 児童家庭支援センターから受診を勧められている | | （見直しの際、修正した目標・追加したい目標を記入） |

| 児童の実態好み・強みなど | ・友だちのことが好きで、自ら近寄り、かかわろうとする<br>・ゲームをしていない状況では、負けてズルをすることはいけないことだと理解している<br>・ゲームになると、ルールを変えて、勝とうとすることがある<br>・先のことを予測したり、想像することが苦手なようで、物語の先を想像することが難しい |
|---|---|
| | （見直しの際、修正した目標・追加したい目標を記入） |

| 場面・状況 | 具体的な手立て・支援 | 評価 |
|---|---|---|
| 設定遊び場面 | ・後出し負けじゃんけんをして、負けても友だちとのかかわりを楽しむ<br>・勝ち負けがあるゲームを行なう前には、"次に勝つためのおまじない"として、「負けても格好悪いことではないこと」「負けたときは気持ちを言葉にすること」をイラストで示し、確認する<br>・ゲームで負けたときには、保育者が「勝つためのおまじない」を伝え、悔しい気持ちを言葉で表すように促す<br>・負けたときに気持ちを言葉にして表せたときには、「頑張った1等賞」として、皆の前で褒める<br>・物を投げて悔しい気持ちを表したときには、「悔しかったね」と声をかけ、気持ちが落ち着くまで、そっとしておき、ゲームを再開する | |
| | （見直しの際、修正した目標・追加したい目標を記入） | |

- 負けを認めるよりも、達成可能な目標を設定しましょう。

- どのようなことができているのかに注目しましょう

- 勝敗へのこだわりの背景として考えられる情報をまとめましょう。

- 望ましい行動が生じるきっかけを具体的に計画しましょう。

- 課題となる行動が生じた後の支援も具体的に計画しましょう。

## 第6章

# 個別の保育・指導計画を支援に生かそう

🍀 第6章では、個別の保育・指導計画を子どもの支援に生かす方法について紹介します。個別の保育・指導計画は、子どもの成長してきた過程と支援の経過を記録として残すための道具です。記録があることで、園内の職員、保護者や専門機関の担当者、就学先の先生と情報を共有することができます。子どもの支援にかかわる多くの人々が、同じ方向を目指して支援を展開するためのヒントが得られることでしょう。

# 個別の保育・指導計画による支援の実践

　個別の保育・指導計画を作成したら、いよいよ計画に基づいて、子どもへの支援を行ないます。本書では、「第4章　個別の保育・指導計画を作ろう」において、支援を重点的に行なう場面を特定し、具体的な手立てを計画することを提案しました。また、個別の保育・指導計画には、担任だけではなく、主任保育者や担任外保育者、加配保育者など職員全員で子どもの支援を行なうために、役割を明文化しています。

　支援者全員が共通理解のもと支援を展開できるよう、作成した個別の保育・指導計画を全員で確認する機会を設けましょう。カンファレンスにおいて、全員で支援を検討していますが、明文化された計画を改めて確認することで、共通理解が深まります。

個別の保育・指導計画は、あくまでも計画です。複数の保育者で協議し、子どもの実態に基づいて計画を立てたとしても、計画どおりに進まないこともあります。例えば、子どもの興味関心の高いおもちゃや活動を活用して行動を促したとしても、それには見向きもしないこともあるでしょう。言葉を理解していると思っていたけれど、個別の保育・指導計画に基づいて支援を行なうと、「拭く」「掛ける」などの動詞を理解していない可能性があると気づくかもしれません。

　支援を行なう際に大切なことは、計画どおりに支援することよりも、目の前の子どもの実態に合わせてアレンジ（調整や見直し）することです。子どもの実態について、新たな情報を収集でき、子どもの実態に合わせて支援をアレンジする場合には、個別の保育・指導計画を修正できるよう、保育日誌などに記録を残しておきましょう。

# 個別の保育・指導計画とクラスの指導計画の関連

　幼稚園や保育園では、教育・保育の目標を達成するために、子どもの発達の時期や年齢に即して指導計画（年間計画、月案、週案、日案）を作成していることでしょう。配慮を必要とする子どもも、クラスの中で友だちと育ち合う仲間の一員です。よって、個別の保育・指導計画のねらいがクラスの指導計画のねらいや活動と関連する場合、クラスの指導計画をふまえて個別の保育・指導計画にも反映させましょう。

●クラスの指導計画（5歳児・6月案）

| 期の<br>ねらい | 互いに考えを言葉で伝え合い、友だちとのつながりを深める。 | 内容 | 自分の思いを相手に伝えたり、相手の思いを受け入れたりして遊びを進める。 |
|---|---|---|---|
| 援助・<br>環境構成 | ・安心して話すことができる雰囲気を作るため、クラスでの言葉づかいを話し合う機会を設ける。 | | |

●個別の保育・指導計画（5歳児・人前で話すことが苦手な児童）

| 期の<br>ねらい | 友だちに自分の考えを伝え、相手に伝わる喜びを味わう。 | 内容 | 日常の挨拶を進んで使ったり、自分の気持ちを発表したりする。 |
|---|---|---|---|
| 支援の<br>手立て | ・自分から挨拶をできるように、ハイタッチ挨拶を保育者が中心となって行なう。<br>・言われて嬉しい言葉と悲しい言葉を表現するために、嬉しい場合はピンク色のハートカード、悲しい場合は黒のモヤモヤカードを用意し、気持ちを表すよう促す。 | | |

クラスの中で配慮の必要な子どもも一緒に生活している場合、クラスの指導計画の中に配慮事項を記入することも一つの方法です。こうすることで、担任保育者は、クラスでの活動の際に、多くの子どもへの援助と個別の支援が必要な子どもへの援助のバランスを事前に計画できます。また、担任外保育者が保育に入った際、個別の配慮事項について、共通理解をもって支援できます。

●日案（4歳児）

| 5月16日（月）4歳児・ゆり組24名（男児11／女児13） | | | |
| --- | --- | --- | --- |
| 時間 | 活動・子どもの姿 | 全体への配慮事項 | 個別の配慮事項 |
| 8:30 | ○登園する<br>・挨拶をする。<br>・所持品の始末をする。<br>・おたより帳にシールを貼る。 | ・明るく挨拶し、健康状態を把握する。<br>・所持品を出し忘れていないか気を配る。<br>・日付を提示しておく。 | Ⓢ一連の流れを理解できるよう、日めくり手順表を置く。 |
| 9:15 | ○好きな遊びをする<br>（サッカー、鬼ごっこ、ブランコ、滑り台、砂場、鉄棒など） | ・個々の遊びへの取り組みを把握しながら、怪我のないように気を配る。 | Ⓢ友だちのおもちゃを使いたいときには「貸して」と一緒に言う。 |

個別の保育・指導計画の目標と手立てにもとづき、Sさんの個別の配慮事項を記入しています。

# 実践の見直しサイクル

　個別の保育・指導計画は、子どもの育ちを促す支援のための道具です。書いたままで1年間を過ごすより、支援のための道具として使いこなすことが必要です。道具として使いこなすためには、計画（Plan）・実践（Do）・評価（Check）・改善（Action）のPDCAサイクルを年間予定に、計画しておくとよいでしょう。

　本書では、原則として、1年間を3期に分けて、個別の保育・指導計画を見直すスケジュール案を提案します。なぜなら、これよりも長い期間に分けて評価・改善を行なおうとすると、効果が見込めない支援を見直すことなく続けてしまう可能性があるためです。

〈個別の保育・指導計画のPDCAサイクル〉

| 段階 | 内容 |
|---|---|
| 1期（4～8月）：子どもの姿を捉える時期 | |
| 計画配布（P） | 保護者の同意のもと、関係者で個別の保育・指導計画を作成し、配布します。 |
| 支援実践（D） | 支援を実践します。新たに把握できた実態をもとに随時、計画を修正します。 |
| 計画評価（C） | 個別の保育・指導計画による実践成果を保護者も含め、関係者で評価します。 |
| 計画改善（A） | 支援の効果を考察し、計画を修正します。必要があれば、目標を変更します。 |

本書で提案する「計画配布（Plan）段階」では、子どもの実態把握を保護者も含めた関係者で行ない、担任や担任外保育者が個別の保育・指導計画を作成します。作成した計画を、保護者の同意のもと、関係者に配布し、共通理解を図ります。「支援実践（Do）段階」では、個別の保育・指導計画にしたがい、支援を実践します。この段階では、支援目標が達成される兆しが見られるかを随時、評価することが大切です。「計画評価（Check）段階」では、支援目標にそって、支援の成果を振り返ります。計画の作成に携わった関係者で振り返ることにより、多様な視点で子どもの成長を捉えることができます。「計画改善（Action）段階」は、支援による成果が得られた、あるいは成果が見込めない理由を考察する段階です。この考察を通して、子どもの実態把握を深め、次期の目標を段階的に設定します。

| 段階 | 内容 |
|---|---|
| **第2期（9〜12月）：子どもの成長が著しい時期** | |
| 計画配布（P） | 修正した計画を配布します。 |
| 支援実践（D） | 支援を実践します。 |
| 評価改善（CA） | 成果を評価し、計画を修正します。 |
| **第3期（1〜3月）：支援のまとめ・振り返りをする時期** | |
| 計画配布（P） | 3期では、次年度のクラスや小学校への引き継ぎに個別の保育・指導計画を活用します。 |
| 支援実践（D） | |
| 評価改善（CA） | |

※語彙の習得や概念理解、生活動作の定着など、支援目標によっては、1年間を2期に分け、長期的な視点で指導をした方がよい場合もあります。

123

# 保護者とともに個別の保育・指導計画を作成する

　個別の保育・指導計画は、個別の保育・教育支援計画に記載された子ども本人や保護者のねがいにそって立案します。よって、「支援目標」を設定するにあたり、保護者のねがいを聴取することが必要です。保護者のねがいを聴取する過程を通して、保護者との信頼関係が深まり、家庭と園で足並みをそろえて支援を展開できることが期待できます。

　保護者と個別の保育・指導計画をともに作成する際の留意点として、次のことがあげられます。

（1）保護者のねがいと関連する支援目標を設定する

　保護者のねがいが「言葉の増加」であるのに、個別の保育・指導計画の支援目標を「落ち着いて生活する」に設定すると、保護者は保育者への不信を募らせてしまう可能性があります。言葉で十分な表現が難しいため、行動面で落ち着いていないかもしれないという可能性も考え、保護者と支援目標を話し合う必要があります。

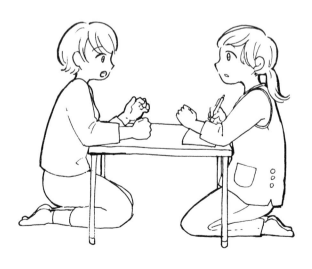

（2）保護者のねがいを子どもの実態に合わせ、細分化する

　保護者から語られるねがいは、最終的な姿である場合が多いです。座っていることが難しい子どもに対して、「座って話を聞いてほしい」とねがうかもしれません。このような場合、まずは保育者の説明を聞く場面で役割をこなしながら自信をもって参加すること、自信をもつと活動に前向きになれることを保護者に伝え、最終的な姿につながる目標を話し合いましょう。

（3）個別の保育・指導計画の意義と保育者のねがいを伝える

　保護者によっては、個別の保育・指導計画の意義を十分に理解しておらず、作成に抵抗する方もいるでしょう。その際には、これまで園で行なってきた支援の手立てと子どもの成長を丁寧に伝えましょう。加えて、支援の手立てを園内で確実に一貫して行ない、次の学年に引き継ぐためにも、成長を記録に残したいという保育者のねがいを話すことが大切です。

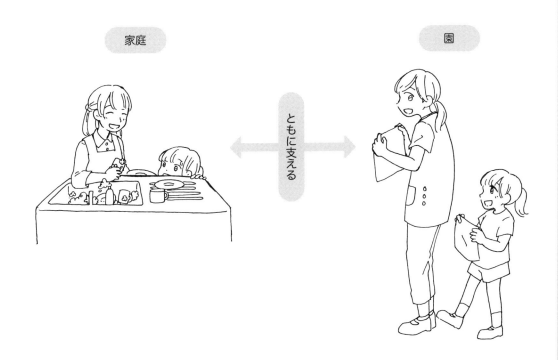

# 個別の保育・指導計画を連携に活用する

　個別の保育・指導計画は、園内での支援を計画・実践・評価・改善し、子どもの成長を促す役割のほかに、子どもの支援に携わる関係機関が同じ目標のもと、互いの役割を理解する道具としての役割も果たします。配慮を要する子どもの場合、地域の専門機関を利用している場合があります。主な専門機関としては、保健センター、児童発達支援センター、児童家庭支援センター、児童相談所、医療機関などがあります。

　専門機関との連携において、個別の保育・指導計画を活用するためには、保護者の了承を得たうえで、他機関と連絡を取り合う際や子どもの支援についてカンファレンスを行なう際、個別の保育・指導計画をともに参照するとよいでしょう。子どもの支援目標や支援の手立てを常に振り返りながら、連絡を取り合うと、実践の中で支援を評価することができます。

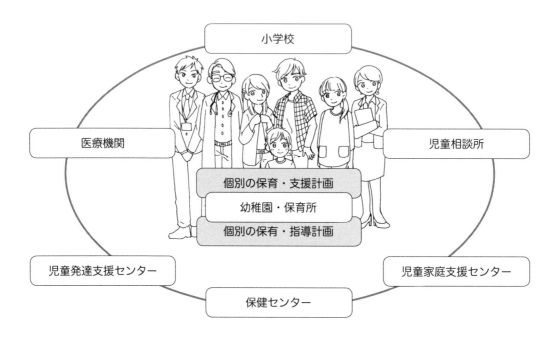

子どもは、いずれ卒園し、小学校に入学します。小学校に入学すると、一人に一つの机と椅子に代表されるような空間の変化、時間割に沿った活動という時間の変化、複数の園から入学する仲間の変化があります。子どもの成長が小学校へと円滑に移行できるよう、個別の保育・指導計画を生かして、引き継ぎを行ないましょう。

　引き継ぎというと、資料の受け渡しを想定する方も多いでしょう。個別の支援を引き継ぐ際には、資料の受け渡しだけでは、必らずしも十分とは言えません。保育者と小学校教員が個別の保育・指導計画を共に見返し、子どもの成長を共有したうえで、効果的であった支援の手立て、入学までにできる支援、入学後の配慮事項を協議する機会が必要になります。幼稚園・保育園と小学校では規模やカリキュラムが異なります。互いの違いを理解した上で、子どもの成長の円滑な移行を目指して、知恵を出し合いましょう。

# 個別の保育・指導計画を評価し、改善する

　個別の保育・指導計画を支援において活用するためには、短期的（約３ヵ月ごと）、長期的（約１年ごと）に成果を評価し、改善するサイクルが欠かせません。個別の保育・指導計画の評価は、子ども個人の成長を見つめる過程です。他の児童と比べ、「まだまだ落ち着きがない」と評価してしまうと、個人内の成長の芽生えを見落としてしまうため、注意が必要です。

　さて、個別の保育・指導計画を評価する際、「目標の評価」と「手立ての評価」に分けて行ないます。「目標の評価」とは、支援目標が達成されたか否かに関する評価です。注意すべきことは、単に「できた」「できなかった」の二極的な評価をしないことです。「すぐに叩くのではなく、我慢しようとする」など、成長の兆しや子どもの努力に注目することが大切です。

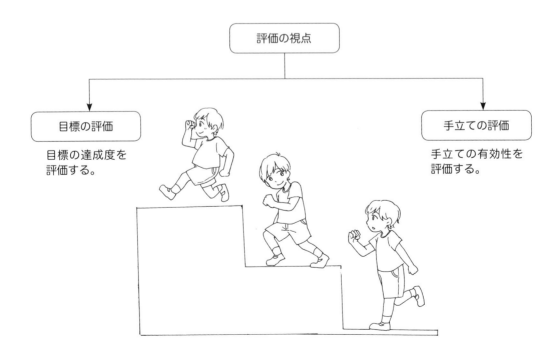

また、目標を達成できた環境条件も記しましょう。「静かな環境であれば、説明を聞き取ることができる」「保育者が個別に『〜しよう』と声をかけると」など、目標の達成につながった人的環境や物的環境を合わせて評価することで、次の目標が見つかります。
　続いて、「手立ての評価」とは、支援の手立てが有効であったか、妥当であったか否かに関する評価です。「絵カードを見せる視覚的な支援は有効であった」「一斉の説明を短くわかりやすくすることで、個別に援助する時間の確保につながった」など、具体的に評価しましょう。支援の手立てに十分な効果が見られなかった場合は、「個別の声掛けだけではなく、手順を隣で実演する必要がある」のように、手立ての改善のヒントを考察しましょう。

目標の評価のポイント
・子どもの成長の兆しに気づく
・目標達成の条件に目を向ける

手立ての評価のポイント
・具体的な手立てを振り返る
・手立ての改善点を見つける

付録

# "発達障がい"の様々な名称

　本書では、アメリカ精神医学会が提示する診断名を採用して表記を統一しています。しかし、個々の「発達障がい」には、法律で定める用語などもあるため、様々な名称が用いられています。以下に、その詳細を示します。必要に応じて参照するようにしてください。

| 本書の表記（DSM-V） | 同様の状態または類似した状態を示す様々な名称 |
| --- | --- |
| 自閉スペクトラム症 | ・ASD<br>・自閉症スペクトラム障害<br>・自閉症／自閉性障害<br>・広汎性発達障害（PDD）<br>・アスペルガー障害／アスペルガー症候群<br>・レット障害（※現在は「発達障がい」からは除外）<br>・自閉的傾向 |
| 注意・欠如多動症 | ・ADHD<br>・注意欠如・多動性障害<br>・注意欠陥多動性障害<br>・不注意優勢型（⇒下位分類）<br>・多動性─衝動性優位型（⇒下位分類） |
| 限局性学習症 | ・LD<br>・学習障害<br>・読字障害（ディスレクシア）（⇒下位分類）<br>・書字表出障害（⇒下位分類）<br>・算数障害（⇒下位分類） |
| 発達性協調運動症 | ・DCD<br>・発達性協調運動障害 |

　表中の"発達障がい"は、本書の事例に関連するものです。

# 事前配布資料の様式

| | |
|---|---|
| 診断 | |
| 保護者のねがい | |
| 健康状態 | |
| 身辺自立 | |
| 社会性行動 | |
| その他エピソード | |

付録

# カンファレンス・シートの様式

| 対象児 | | 改善したい行動 | |
|---|---|---|---|
| 診断 | | | |

**＊見立て**

| 〈対象児の特徴〉 | 〈対象児の気持ち・困っていること〉 |
|---|---|

**＊支援方法**

| 〈行動上の問題を予防するために〉 | 〈行動上の問題が起きたときの対応〉 |
|---|---|

# 個別の保育・教育支援計画

年度〜　年度

| 児童氏名 | 性別 | 生年月日 | 担任氏名 | 診断・その他状況 | 手帳の有無 |
|---|---|---|---|---|---|
| | | 入所年月日 | 才児クラス ＿＿＿＿<br>才児クラス ＿＿＿＿<br>才児クラス ＿＿＿＿<br>才児クラス ＿＿＿＿<br>才児クラス ＿＿＿＿ | | |

本人のニーズ（強み・挑戦していきたいこと）

| 本人・保護者のねがい | 保育者のねがい |
|---|---|
| | |

園以外の子どもの生活の場

| 子どもの実態 | 支援の評価 |
|---|---|
| | |

作成年度　　　機関名　　　記入者名　　　園長名

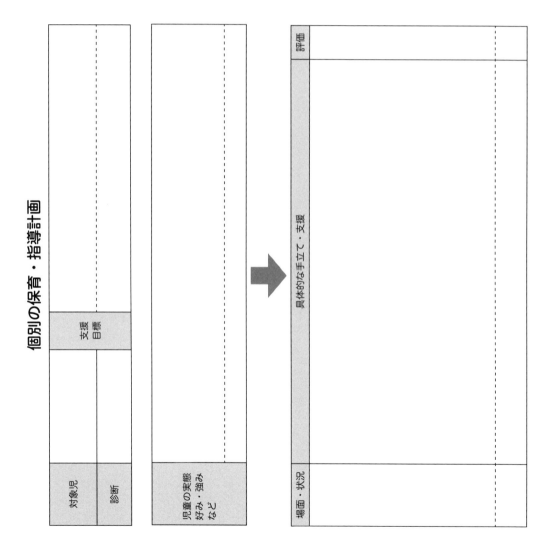

# あとがき

　本書では、著者らが保育巡回相談などの活動の中でよく耳にする一般的な事例を示しながら、発達障がいなど配慮を要する子どもの「個別の保育・指導計画」を作成するための手法と工夫について述べてきました。

　幼稚園教育要領・保育所保育指針の双方において保育現場でも「個別の保育・指導計画」の作成が求められる一方、その書き方や活用方法については、行政的なサポートが十分ではありません。そのため、「書かなければならない」という義務感から、「情報をたくさん記述し枠を埋めること」に力をそそぎ、大変な労力をかけていらっしゃる先生方も少なくありません。

　保育巡回相談にうかがう際、保育現場の先生方は、人的資源や物理的資源が十分でない環境化でも、様々な工夫を行ないながら、配慮を要する子どもの支援に真摯に取り組んでいらっしゃるお姿を多く拝見します。同時に、他の教育機関以上に、普段から先生方同士、あるいは保護者とのやりとりの中で、子どもたちのことについて深く語っていらっしゃると感じます。こうした普段から行なっている先生方のやりとりには、子どもたちの理解や支援に直結する大事な情報がたくさん含まれています。「個別の保育・指導計画」は、こうした先生方のやりとりから生まれたアイデアや気づきを形にしていくものなのです。

　配慮を要する子どもの保育には、これまでの価値観や保育観を見直す作業が必要になります。その過程で様々な葛藤や困惑が生じることがあるでしょう。しかし、子どもの成長を目の当たりにしたとき、子どもと "通じ合えた" と感じたとき、これまで感じたことがないような喜びと気づきがもたらされることを、先生方は知っていらっしゃいます。先生方がこのような感動と気づきに出会うことができ、ご自身の保育に自信とやりがいをもって取り組んで頂く一助として、本書がお役に立てれば幸いです。

　子どもたちの「はじめて」を一番近くで支える保育現場の先生方に、深い感謝と尊敬をこめて。

遠藤　愛

# 参考文献（幼稚園・保育園関連のみ）

## 【発達障がいの特性理解】

・田中康雄（2008）気になる子の保育 Q&A：発達障がいの理解とサポート．学研プラス

・田中康雄（監修）（2014）イラスト図解　発達障害の子どもの心と行動がわかる本．西東社

・藤原里美（2015）多様な子ども達の発達支援：なぜこの行動・なぜこの対応？　理解できる10の視点．学研教育みらい

## 【発達障がいの行動支援】

・藤原義博（監修）平澤紀子・山根正夫・北九州市保育士会（編）（2005）保育士のための気になる行動から読み解く子ども支援ガイド．学苑社

・平澤紀子（2010）応用行動分析学から学ぶ子ども観察力＆支援力養成ガイド．学研プラス

・井上雅彦・小笠原恵・平澤紀子（2013）8つの視点でうまくいく！発達障害のある子のABA ケーススタディ：アセスメントからアプローチへつなぐコツ．中央法規出版

・七木田敦・山根正夫（編著）（2017）発達が気になる子どもの行動が変わる！　保育者のためのABI（活動に根ざした介入）実践事例集．福村出版

## 【個別の保育・指導計画】

・東京学芸大学特別支援プロジェクト（編著）（2010）幼稚園・保育園等における手引書『個別の（教育）支援計画』の作成・活用．ジアース教育新社

・酒井幸子・田中康雄（2013）発達が気になる子の個別の指導計画：保育園・幼稚園で今日からできる！．学研プラス

・藤原里美（2015）多様な子どもたちの発達支援園内研修ガイド：特性を理解して支援する環境づくり．学研教育みらい

## ❀ 著者紹介

### 監修　大石　幸二（おおいし　こうじ）

**現職**：立教大学現代心理学部心理学科・教授
**資格**：公認心理師，臨床心理士，臨床発達心理士
**最終学歴**：筑波大学大学院心身障害学研究科博士課程・単位取得満期退学
**主な著書・訳書**：
・神尾陽子編著（2021）発達障害のある子のメンタルヘルスケア．（項目執筆）pp.54-60．金子書房．
・大石幸二監修（2020）先生のための保護者相談ハンドブック―配慮を要する子どもの保護者とつながる３つの技術―．学苑社．
・大石幸二監訳（2019）ビジュアルブック：ASD の君へ―ラクな気持ちになるためのヒント集―．学苑社．

### 著者　遠藤　愛（えんどう　あい）

**現職**：文教大学人間科学部臨床心理学科・准教授
**資格**：公認心理師，臨床心理士
**最終学歴**：立教大学大学院現代心理学研究科博士課程後期課程・単位取得満期退学
**主な著書**：
・遠藤愛・宇田川和久・髙橋幸子編著（2022）特別支援学校教育実習ガイドブック―インクルーシブ教育時代の教員養成を目指して―．学苑社．
・梅永雄二・島田博祐・森下由規子編（2019）みんなで考える特別支援教育（項目執筆）pp.210-217．北樹出版．
・柘植雅義編集代表，大石幸二・鎌塚優子・滝川国芳編（2017）連携とコンサルテーション―多様な子供を多様な人材で支援する―．（項目執筆）pp.96-104．ぎょうせい．

### 著者　太田　研（おおた　けん）

**現職**：山梨県立大学人間福祉学部人間形成学科・准教授
**資格**：公認心理師，臨床発達心理士
**最終学歴**：立教大学大学院現代心理学研究科博士課程後期課程・単位取得満期退学
**主な著書・訳書**：
・大石幸二編集主幹，池田健・太田研・大林裕司編（2022）標準公認心理師養成テキスト．文光堂．
・遠藤愛・宇田川和久・髙橋幸子編著（2022）特別支援学校教育実習ガイドブック―インクルーシブ教育時代の教員養成を目指して―．（項目執筆）pp.75-84．学苑社．

イラスト　高橋美優
装丁　有泉武己

カンファレンスで深まる・作れる
**配慮を要する子どものための個別の保育・指導計画**　　　　　Ⓒ2018

---

2018年12月 1 日　初版第 1 刷発行
2024年 9 月 1 日　初版第 3 刷発行

監修者　　大石幸二
著　者　　遠藤愛・太田研
発行者　　杉本哲也
発行所　　株式会社 **学 苑 社**
東京都千代田区富士見 2 − 10 − 2
電話㈹　　03（3263）3817
fax.　　　03（3263）2410
振替　　　00100 − 7 − 177379
印刷・製本　　藤原印刷株式会社

---

検印省略　　　　　　　　　乱丁落丁はお取り替えいたします。
　　　　　　　　　　　　　定価はカバーに表示してあります。

ISBN978-4-7614-0802-2　C3037

## 幼児支援

**保育者ができる 気になる行動を示す幼児への支援**
応用行動分析学に基づく実践ガイドブック

野呂文行・高橋雅江【監修】
永冨大舗・原口英之【編著】

B5判●定価 2090円

現場で子どもたちの示す問題に関する事例を示しながら、問題解決に必要な、行動を分析する方法を応用行動分析学の視点から解説。

## 発達障害

**こんな理由があったんだ！「気になる子」の理解からはじめる発達臨床サポートブック**

綿引清勝【著】
イトウハジメ【絵】

A5判●定価 1870円

保育所・幼稚園・小学校等の教育・保育現場や子育てで実践的に活用できるように、つまずきの理解と支援方法が満載。

## 特別支援教育

**「自分に合った学び方」「自分らしい生き方」を見つけよう 星と虹色なこどもたち**

星山麻木【著】
相澤るつ子【イラスト】

B5判●定価 2200円

さまざまな特性のある、こどもたちの感じ方・考え方を理解し、仲間同士で助け合うための方法を提案。一人ひとりのこどもを尊重するために。

## 発達障害

**かんたんにできる 発達障害のある子どものリラクセーションプログラム**

高橋眞琴【編著】
尾関美和・亀井有美・
中村友香・山﨑真義【著】

A5判●定価 2200円

ライフスキルトレーニング、動作法、ムーブメント教育、日本でも実践可能な海外のインクルーシブ教育での環境設定などを紹介。

## 発達障害の絵本

**そらをとびたかったペンギン**
だれもが安心して存在できる社会へ

申ももこ【作】 shizu【協力】
はやしみこ【絵】
佐藤恵子【解説】

B5判●定価 1760円

とべないペンギン、モモが主人公の絵本。解説も収録。多様性を尊重し受容することを考える。星山麻木先生（明星大学教授）推薦！

## 教育実習

**特別支援学校 教育実習ガイドブック**
インクルーシブ教育時代の教員養成を目指して

遠藤愛・宇田川和久・
髙橋幸子【編著】

B5判●定価 2420円

児童生徒の実態把握、指導案の作成方法など、特別支援学校の教育実習に必要な知識を解説。実習に臨む学生にとって必携の書。

税10％込みの価格です

 学苑社　Tel 03-3263-3817　〒102-0071 東京都千代田区富士見2-10-2
Fax 03-3263-2410　E-mail: info@gakuensha.co.jp　https://www.gakuensha.co.jp/